**Adieu Gießkanne – Das 1x1 eines fast gießfreien Gartens**

In 7 Schritten zum wassersparenden und nachhaltigen Garten

inkl. 111 trockenheitsresistente Pflanzen.

Pia Eis

## Pia Eis,

Landwirtin und Gartenbäuerin lebt mit ihrer Familie in Österreich.

Erdige Hände und immer in Arbeitskleidung ist ihr Alltag. Jahrelang verarbeitete sie alles was rund um Haus und Hof wuchs, nun gibt sie ihren großen Wissensschatz in Workshops und Seminaren weiter. Das Thema Nachhaltigkeit und ressourcenschonendes Arbeiten im Naturgarten ist ihr ein großes Anliegen.

# ADIEU GIESSKANNE

## Das 1x1 eines fast gießfreien Gartens

In 7 Schritten zum wassersparenden und nachhaltigen Garten

PIA EIS

**Impressum**

Deutschsprachige Erstausgabe Januar 2023


Tamjo-Verlag, Tobias Hassel, Nächstenbacher Str. 2b, 69488 Birkenau

Covergestaltung und Satz: Wolkenart - Marie-Katharina Becker,
www.wolkenart.com
Lektorat: Vera Palmer

1. Auflage

# Inhalt

## 2 111 KLIMAFITTE PFLANZEN

# 3 GARTENPRAXIS

# Präambel

Was ein Garten sein sollte:
Ein Refugium für groß und klein, jeden Tag des Jahres. Ein Lebensraum, wo man spielen, feiern und sich entspannen kann. Ein Rückzugsort, an dem man die Gartenarbeit genießt und Tiere und die Jahreszeiten beobachten kann.

Was ein Garten nicht sein sollte:
Eine große Rasenfläche mit immergrüner Hecke, die zu allen Jahreszeiten gleich aussieht. Ein Garten mit Dünger, Unkrautvernichter und den immer gleichen Arbeiten: Hecke schneiden, Rasen mähen, Rasen bewässern. Folge: Die immer wichtiger werdende Beschattung fehlt, ebenso die Bodenlebewesen, die Nützlinge und die Pflanzenvielfalt.

Was ein Garten in der Zukunft sein sollte: Klimafit gestaltet, Ressourcen schonend und mit minimalem Wasserbedarf. Eine Oase für Nützlinge, Insekten, Vögel und Kleinlebewesen und ein grüner Raum zum Leben. Ihr Lieblingsplatz, an dem trockenheitsresistente Pflanzen blühen und Bäume für natürliche Kühlung sorgen.

# Vorwort

Viele Gartenbesitzer wissen nicht, wohin mit dem Rasen- oder Heckenschnitt oder größeren Ästen. Zur lokalen Entsorgungsstation bringen? Stellen Sie sich mal vor: Alles bleibt im Garten, nichts wird weggebracht. Schön werden Sie sagen, aber wohin damit? Und was hat das mit einem gießfreien Garten zu tun?

Ein intakter Naturgarten ist ein Garten, dem nichts entnommen werden muss, dem aber manchmal etwas hinzugefügt werden kann. Es entsteht ein Kreislauf, in dem alle Materialien, die im Laufe eines Gartenjahres anfallen, wieder verwendet werden können. Dabei spielt der richtige Zeitpunkt eine große Rolle. Das werden wir uns mit dem phänologischen Kalender genauer ansehen. Das Einrichten verschiedener Gartenbereiche ist wichtig. Das werden wir bei der Gartengestaltung berücksichtigen.

Bei einem gut durchdachten Garten wird der Kreislauf des Wiederverwendens funktionieren, denn Grünschnitt ist kein Abfall, den man loswerden muss. Es ist organisches Material mit einem hohen Wasseranteil, das wir uns im Garten zunutze machen können. Mehr noch: Recycling ist nicht nur notwendiger Bestandteil des Gartenökosystems, sondern hilft dabei, Gießwasser zu sparen.

Wie kann das funktionieren? Lassen Sie uns gemeinsam gedanklich durch ein Gartenjahr gehen, und ich zeige Ihnen Möglichkeiten der Verwendung auf.

**Winter und Frühling**

Der späte Winter und der Frühling sind die Hauptzeit für den Obstbaumschnitt und den Schnitt von spät blühenden Gehölzen. Die Äste können für kleine Begrenzungszäune verwendet werden. Sie bilden dekorative Beeteinfassungen. Aus langen Ruten können Sie Rankgerüste für kletternde Gemüsesorten oder einjährige Sommerblüher bauen. Sehr große, sperrige Äste finden Platz in der Totholzhecke, die Unterschlupf bietet für Nützlinge wie Igel, Schlangen oder sogar Kröten (die allerbesten Nacktschneckenfresser). Selbst das Holz eines gefällten Baumes können Sie zur Gestaltung Ihres Gartens einsetzen: Aufgestapelte Holzscheite bieten Wind- oder Sichtschutz und teilen die Gartenfläche in interessante Räume.

Was gibt es bei den Gemüseflächen zu tun? Egal, ob Hochbeet, Etagenbeet oder Bodenbeet, die nackte Erde wurde über die Wintermonate mit einer guten, dichten Mulchschicht abgedeckt. Diese Mulchschicht (auf das Mulchen gehe ich noch ausführlich ein) wird auf dem Komposthaufen entsorgt. Die abgestorbenen Teile der Stauden (auch da haben wir an unsere Gartennützlinge gedacht und möglichst viele Stauden stehen gelassen) können nun bodennah abgeschnitten werden. Vielleicht sieht man schon die ersten frischen Triebe hervorleuchten.

**Sommer**

Im Sommer können wir schon wieder jedes Pflanzenmaterial brauchen, das nur irgendwo anfällt. Alle Flächen mit nackter Erde brauchen eine Mulchschicht. Diese kann aus Grasschnitt, Wiesenschnitt oder großen Blättern bestehen. So wird die Wasserverdunstung der obersten Bodenschicht durch Beschattung verhindert. Im Sommer ist auch der Rückschnitt der frühlingsblühenden Sträucher fällig. Was anfällt, wandert wieder in die Totholzhecke.

**Herbst**

Der Herbst ist für viele Gärtner eine sehr intensive Arbeitszeit im Garten – für uns nicht. Wir lassen möglichst viele Stauden stehen und bieten damit Insekten ein Winterquartier. Das Herbstlaub sammeln wir mit dem Rasenmäher ein – gehäckselt ist es wertvoller Mulch. Für verdorbenes Fallobst steht der Komposthaufen bereit.

Dieser Blick ins Gartenjahr zeigt: Grünschnitt von Pflanzen, die man gehegt und gepflegt hat, gehört nicht auf den Müll. Dafür ist er einfach zu wertvoll für unseren Garten. Eine Mulchschicht hilft, Wasser in der Erde zu speichern. Eine Totholzhecke bietet vielfältigen Lebensraum. Und Kompost liefert wichtige Nährstoffe.

Damit dieser Kreislauf aufrechterhalten werden kann, muss ein Garten vielseitig gestaltet sein. Ein Garten, der Spaß macht und Freude bereitet, lebt mit den Gartenbesitzerinnen und verändert sich mit den Jahren. Kinder werden größer und brauchen keine Rutsche und Schaukel mehr, dafür hat man Platz für ein Hochbeet oder ein Gewächshaus. Vielleicht ziehen auch ein paar Haustiere ein, die Platz benötigen. Später wird der Fußballplatz zur Blumenwiese oder es wird ein Gemüsegarten angelegt.

Und das geht, ohne zu gießen? Nein, ganz ohne natürlich nicht. Besonders neu angepflanzte Sträucher oder Stauden dürfen nicht austrocknen und brauchen eine Starthilfe aus der Gießkanne. Mit der Zeit erübrigt sich diese aber beinahe. Wie das?

Gehen wir gemeinsam Schritt für Schritt den Weg zu einem (fast) gießfreien Naturgarten.

# 1

# EINEN NATURGARTEN GESTALTEN

# Schritt 1: In welchem Klima wohne ich?

## Klimaerwärmung

Was uns schon länger angekündigt wurde, haben wir besonders im letzten Jahr deutlich zu spüren bekommen. Mein Garten liegt im östlichen Österreich, und die meisten Niederschläge sind nicht bis zu uns gekommen. Der letzte Sommer war einer der Trockensten, den ich in meinem Garten erlebt habe. Durch die schrittweise Umstellung in den letzten Jahren auf einen Naturgarten haben meine Pflanzen aber auch diesen besonders trockenen Frühling und Sommer recht gut überlebt.

Die Verschiebung von Klimazonen wird uns weiter begleiten, und ein rücksichtsvoller Umgang mit ressourcenschonenden Maßnahmen sollte unser alltäglicher Umgang im Garten werden.

## Wo gibt es Informationen?

Für Alteingesessene ist die Frage des lokalen Klimas einfach zu beantworten: Man lebt damit, man ärgert sich darüber und man tauscht sich mit den Nachbarn über Erfahrungen im Garten aus.

Für Gartenbesitzer in einer neuen Umgebung ist es jedoch viel schwieriger, sich zurechtzufinden. Schon ein paar Kilometer entfernt ändert sich die Menge des ortsüblichen Niederschlags. Stellenweise kann es jährliche Überschwemmungen geben. Unerwarteter Frost lässt im Frühling die ersten Blüten der Obstbäume erfrieren oder im Herbst das Gemüse nicht mehr ausreifen. Diese Merkmale einer kleinen Fläche nennt man Mikroklima. Da können schon große, alte Bäume, ein Weiher, ein Bach oder andere nicht sehr auffällige Begebenheiten mitbestimmend sein.

Das Mikroklima ist entscheidend für die Pflanzenwahl im Garten und sogar für die Gartengestaltung. Ich darf da aus eigener Erfahrung sprechen. Wir haben auf einem Grundstück gebaut, in dessen unterem Garten sich eine Trauerweide sehr wohlfühlte. Nicht zu Unrecht: Den ganzen Winter war die Wiese um den großen Baum herum eine Sumpflandschaft. Aufgrund des lehmigen Bodens blieb das Regenwasser einfach stehen, dazu kam der niedrige Grundwasserspiegel. Daher entschieden wir schließlich, dort einen Brunnen zu schlagen und Erdreich aufzuschütten. Hätten wir die Natur nicht so genau beobachtet, wären mein Kräutergarten und die Gemüsebeete wahrscheinlich schon im nächsten Herbst unter Wasser gestanden.

Neben solchen Beobachtungen ist der Austausch mit den Nachbarn oder Vorbesitzern eine wichtige Informationsquelle. Auch bei der Gemeinde sollten

Daten zum Klima aufliegen, die man einsehen kann. In der digitalen Katastermappe werden unter anderem Überflutungsflächen eingetragen.

## Wie suche ich die passenden Pflanzen für meinen Garten aus?

Damit ein Naturgarten funktionieren kann, ist es wichtig, die passenden Pflanzen für den Garten auszuwählen. In Gärtnereien oder im Fachhandel erhalten Sie Auskunft, welche Pflanzen für welchen Standort geeignet sind. Neben den Lichtverhältnissen wie Sonne, Halbschatten oder Schatten spielt auch die Bodenqualität eine Rolle.

Ein wichtiges Merkmal für die Auswahl von Pflanzen ist aber auch die Wüchsigkeit. Schnell wachsende Sträucher und Hecken bilden einen guten Wind- oder Sichtschutz, machen aber auch viel Arbeit und das jährlich. Jedes Jahr ein Rückschnitt, der viel Zeit in Anspruch nimmt und auch viel Schnittmaterial hervorbringt. Auf das Thema Hecke gehe ich später noch genauer ein.

Wir haben jetzt die Punkte Standort und Wüchsigkeit angesprochen, aber es fehlt noch ein ganz entscheidender Punkt: nämlich die Trockenverträglichkeit. Gleich vorneweg: Jede gut eingewurzelte Pflanze ist bis zu einem bestimmten Grad trockenheitsverträglich, aber doch unterscheiden sich die einzelnen Stauden darin, ob sie mit Trockenheit besser zurechtkommen oder nicht.

Das Etikett am Pflanztopf sagt schon einiges über die Vorlieben einer Pflanze aus. Informieren Sie sich bereits vor dem Kauf, welche Pflanzen sich für Ihren Garten eignen. Um sicherzugehen, dass Sie an den ausgesuchten Pflanzen lange Freude haben, können Sie sich zusätzlich im Fachhandel beraten lassen.

**Mein Tipp:** Fragen Sie Ihre Nachbarn nach Ablegern. Diese Pflanzen sind in demselben Mikroklima gewachsen, haben sich durch üppigen Wuchs ausgebreitet oder vermehrt und werden auch im eigenen Garten Freude bereiten.

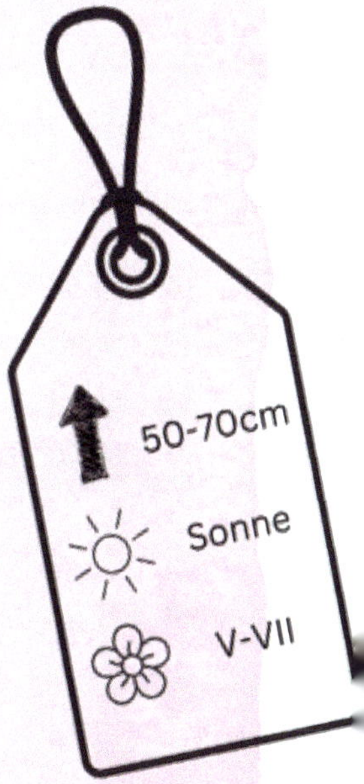

# Schritt 2: Wie ist mein Garten ausgerichtet?

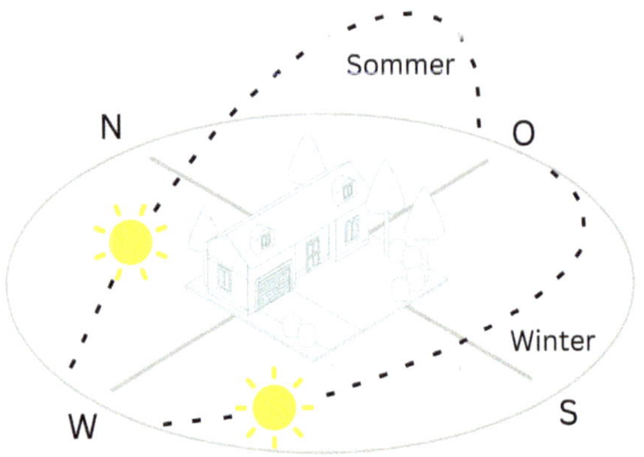


## Die Sonne beobachten

Wie ist das Grundstück ausgerichtet? Vielleicht ist das eine Frage, die man als Gartenbesitzer noch nicht gestellt hat, die aber entscheidend für die Gartenplanung ist. Die vereinfachte Frage lautet: Woher kommt die Sonne? Dazu beobachtet man die Sonne im Garten und macht sich auf seinem Plan Notizen.

**Mein Tipp:** Skizzieren Sie Ihren Garten oder drucken Sie einen Plan aus dem Internet aus. Beobachten Sie dann die Sonne zu verschiedenen Tages- und Jahreszeiten und markieren Sie folgende Bereiche:

- An welchen Stellen ist es im Garten immer sonnig?
- An welchen Stellen ist es im Garten immer schattig?
- Welche Bereiche haben nur vormittags oder nachmittags Sonne?

## Wo ist der beste Platz für ...

**... Frühlingsblüher**

Im Frühling erfreuen sich die ersten bunten Blüten von Narzissen, Tulpen, Hyazinthen und Kuhschellen. Der allerbeste Platz für diese Frühjahrsboten ist die Stelle im Garten, wo auch die tief stehende Wintersonne den Erdboden mit ihren Strahlen erwärmt. Dann liegt der Blütezeitpunkt besonders früh. Zu den Frühlingsblühern zählt auch die Schneerose (Christrose). Die ausladenden Blätter sind immergrün. In der Mitte der Staude schieben sich zum Winterende die hübschen Blüten empor.

**... Gemüsebeete**

Früher hieß es, der beste Platz für Gemüse sei die Südseite. Die Sonne könne dann möglichst lange auf die Beete scheinen, das Gemüse wachse gut und bringe eine ergiebige Ernte. Bei unseren sehr warmen und langen Sommern eignet sich auch der Halbschatten für ein Gemüsebeet. Wobei auch hier der Blick auf die Ansprüche der Pflanzen hilft: Wärme liebende Paprika, Physalis oder Chilis vertragen die Sonne besser als Blattgemüse, bei dem viel Feuchtigkeit über die großen Blattflächen verdunstet wird.

Auf dem Sonnenplan kann man nun nachsehen, wo im Sommer die Bereiche des Halbschattens liegen.[1] Bei Halbschatten wird unterschieden zwischen dem Vormittagsschatten und dem Nachmittagsschatten. Der Vormittagsschatten ist etwas kühler, da die Sonnenstrahlen erst in den Mittagsstunden den Boden erreichen. Er bietet den Gemüsepflanzen die Gelegenheit, die Feuchtigkeit der Nacht gut aufzunehmen. Die Pflanzen gehen dann gestärkt in die Sonnenstunden.

Eine Orientierung an dieser Regel passt dann, wenn ihr Garten in einem sehr sonnigen, warmen Klima liegt. Sind Sie zwischen Bergen oder in höherer Seelage beheimatet, wird natürlich jede Sonnenstunde in ihrem Garten begrüßt.

### ... Beerensträucher

Die bekanntesten Beerensträucher im Garten sind Himbeeren und Brombeeren. Wo ist der beste Platz? Überlegen Sie mal, wo Ihnen die stacheligen, kleinfruchtigen Wildformen schon begegnet sind. Genau, am Waldrand! Dort ist es nicht vollsonnig und darum können diese Beerensträucher auch im Garten in den Halbschatten gesetzt werden. Achten Sie beim Pflanzen auf einen großzügigen Abstand, damit die Blätter immer gut abtrocknen können und Mehltau keine Chance hat.[2] Stachelbeeren, Johannisbeeren und Walderdbeeren vertragen ebenso ein halbschattiges Plätzchen. Nur Erdbeeren und Weintrauben mögen es dagegen richtig sonnig.

### ... Miniteiche

Miniteiche oder Sumpftöpfe haben keine besonderen Ansprüche. Wenn blühende Sumpfpflanzen im Miniteich eingesetzt wurden, blühen diese an sonnigen Standorten reicher. An Miniteichen sieht man im Sommer besonders gut, wie viel Wasser an einem Tag verdunstet. Der Wasserstand muss demnach täglich kontrolliert und wieder aufgefüllt werden. Es ist ungefähr so, wie sich um ein Haustier kümmern. In unserem Fall ist es die Sorge um unsere Gartennützlinge, die unbedingt Wasserstellen brauchen. Nicht vergessen: Legen Sie flache Steine an der Oberfläche bereit, damit die Insekten gut starten und landen können.

1 Die Anlage von Gemüseflächen, also Bodenbeeten, Etagenbeeten oder Hochbeeten, beschreibe ich später.

2 Himbeeren und Brombeeren wären auch eine Möglichkeit einen Sichtschutz zu begrünen. Das schildere ich aber später noch ausführlicher.

### ... Spielecken

Spielecke, Sandkiste, Erdhaufen oder Schotterplatz – ganz egal, wo Sie ihr Kind spielen lassen, der Platz muss im Hochsommer gut beschattet sein. Zu welcher Tageszeit spielen die Kinder draußen? Auf ihrem Sonnenplan werden Sie einen geeigneten Platz finden.

### ... Liegestühle und Sitzecken

Natürlich dürfen wir die entspannenden Elemente in einem Garten nicht vergessen. Ihre persönlichen Wünsche müssen ausdrücklich berücksichtigt werden. Wann kommen Sie zur Ruhe? Richten Sie sich ihren Lieblingsplatz ein. Der Nachmittagsschatten ist im Hochsommer ein beliebter Platz für Sitz-, Liege- und Spielbereiche. Oder bevorzugen Sie einen Platz in der Abendsonne? Beobachten Sie im Garten, wo diese Plätze sind, und machen Sie daraus IHREN Platz!

## Schattenplätze planen

Vielleicht liegt ein Teil Ihres Gartens im eigenen Hausschatten oder im Schatten benachbarter Objekte wie Gartenmauern, Gartenhäuser oder großer alter Bäume. Wenn Sie noch nicht ausreichend Schatten im Garten haben, gibt es je nach Gartengröße verschiedene Möglichkeiten, Schattenplätze zu gestalten.

Die einfachste Variante bei wenig Platz ist ein Sonnenschirm. Diesen können Sie dort hinstellen, wo er gerade gebraucht wird.

Bei mehr Platz im Garten bietet sich ein Hausbaum an. Ein Hausbaum soll lange Freude machen und kann Nutzen bringen. Es gibt viele Fragen zu klären, bevor Sie sich entscheiden:

- Wie groß darf die Baumkrone werden? Zwei Meter im Durchmesser oder zehn?
- Welche Wuchsform ist gewünscht? Schlank, rund, hängende Äste?
- Bevorzugen Sie ein dichtes oder ein lichtes Blätterdach?
- Welche Laubfarbe darf es sein? Ist eine auffällige Herbstfärbung gewünscht?
- Möchten Sie einen Baum mit Blüten? Bevorzugen Sie eine bestimmte Farbe?
- Möchten Sie einen Baum mit Früchten? Soll das Obst verarbeitet werden?

**Mein Tipp:** Falls Sie in einem neu erschlossenen Siedlungsgebiet wohnen, sollten Sie sich erkundigen, ob es Einschränkungen in der Baumhöhe gibt. Fragen Sie zum Beispiel beim Bauamt nach.

# Schritt 3:
# Welchen Boden habe ich im Garten?

Für ein gutes Pflanzenwachstum ist der Boden entscheidend. Die Qualität der obersten 25 Zentimeter, also eine Spatentiefe, ist entscheidend dafür, ob die Pflanzen im Garten wachsen oder verkümmern. Wenn wir gesunde, starke Pflanzen in unserem Garten möchten, brauchen wir auch einen guten Boden, der gepflegt und geschützt werden will.

## Bodenbeschaffenheit

Der Boden ist in Schichten aufgebaut, die man – entgegen der gängigen Meinung – nicht umgraben sollte.[3] Die oberste Schicht ist gerade mal zwei Finger hoch und nennt sich Rotte. Die Rotte bildet das organische Material (abgestorbene Pflanzenteile), das auf dem Erdreich liegt und sich langsam zersetzt. Durch eine Mulchschicht kann man die Rotte erheblich unterstützen.

Unter der Rotte befindet sich die Humusschicht. Die Pflanzenwurzeln ziehen aus der Humusschicht ihre Nährstoffe und das benötigte Wasser. Das ist die wichtigste Schicht, um die wir uns gut kümmern müssen und die unsere Unterstützung braucht.

Danach beginnt die Mineralzone aus verwittertem Gestein. Die Regenwürmer aus der Humusschicht können noch in diese Zone vordringen. In dieser Schicht wird das Regenwasser gesammelt und der Nachschub für wichtige Mineralien bereitgehalten.

3 Zum Umgraben später mehr.

## Bodenprobe leicht gemacht

Suchen Sie sich, mit einer Schaufel bewaffnet, an mehreren Stellen im Garten ein Stück freien Boden. Wenn Sie das Erdreich in der Hand halten, können Sie schon die Bestandteile des Bodens erkennen: Steinchen, Sandkörner, abgestorbene Pflanzenteile und kleine Bodenlebewesen. Vielleicht erkennen Sie auch kleine Hohlräume, die mit Wasser oder Luft gefüllt sind. Der Boden besteht ungefähr zu gleichen Teilen aus Hohlräumen und mineralischer Substanz.

Die Bodenbeschaffenheit wird in Ton, Lehm und Sand eingeteilt. Bei Ton ist die Korngröße sehr fein. Lehm hat mittelgroße Körner und Sand hat die gröbste Korngröße. Die Beschaffenheit des Bodens hat Einfluss auf das Speicherverhalten von Wasser und Nährstoffen.

### Sandiger Boden

Sandige Böden sind wasserdurchlässig, erwärmen schnell und lassen sich gut bearbeiten. Die Nachteile dieser Böden sind, dass sie Wasser und Nährstoffe durchlassen, die den Pflanzen dann nicht mehr zur Verfügung stehen. Da der Sand aufgrund der fehlenden Humusteilchen nicht verkleben kann, wäscht er bei Starkregen schnell aus.

### Schwerer Boden

Boden mit hohem Tonanteil kann sehr viel Wasser und Nährstoffe binden. Das Wasser bleibt im Boden und versickert nicht. Der Ton bindet das Wasser aber so stark, dass die Pflanzen es nicht aufnehmen können; außerdem gibt es kaum Durchlüftung im Boden. Die Bearbeitung von schweren Böden ist sehr mühsam.

### Gemischter Boden

Boden, der aus sandigen und tonigen Anteilen besteht, nennt man Lehmboden. Dieser verbindet die positiven Eigenschaften beider. Der Boden ist leicht zu bearbeiten, behält aber dabei die Nährstoffe und kann Wasser speichern. Das führt zu einem sehr fruchtbaren Boden.

Meistens sind alle drei Arten in einer Probe vorhanden. Wie können Sie nun herausfinden, welche Hauptbestandteile Ihre Gartenerde enthält?
Um festzustellen, um welche Bodenart es sich handelt, macht man die Schlämmprobe. Das geht ganz einfach. Ein großes Schraubglas wird zur Hälfte mit Erde aus dem Garten befüllt und mit Wasser aufgefüllt. Dann gut durchschütteln, bis sich alles vermischt hat und das Glas über Nacht stehen lassen. Je nach Bodenbeschaffenheit und Korngröße setzten sich die groben, schweren Teile (sandiger Boden) zuerst ab, danach die immer feineren. Am nächsten Tag könne Sie im Glas die unterschiedlich hohen Schichten erkennen und zuordnen.
Die Fingerprobe geht noch schneller. Ihre Bodenprobe muss dafür leicht feucht sein. Bei Tonböden sind keine Körner spürbar, die Erde schmiert zwischen den Fingern und Sie können kleine Kugeln formen. Lehmboden ist auch formbar, bricht aber beim Ausrollen auseinander. Sandboden lässt sich gar nicht formen, die Finger bleiben sauber und die Sandkörner sind deutlich spürbar.

## Speichert mein Boden Wasser?

Sie können leicht testen, ob Ihr Boden gut Wasser aufnehmen kann oder es schnell abfließt. Graben Sie einen Klumpen Erde aus und legen Sie diesen in eine Schale. Gießen Sie dann Wasser (wir simulieren hier mal Starkregen) über den Erdklumpen und beobachten Sie, was passiert.
Fällt der Klumpen auseinander? Dann ist der Boden zu sandig und hat einen geringen Humusanteil. Behält der Klumpen dagegen seine Form, kann der Boden das Wasser gut aufnehmen. Man sagt, der Boden besitzt eine Krümelstruktur. Der Boden hält Wasser und Nährstoffe und gibt diese an die Wurzeln der Pflanzen weiter. Das ist wichtig für einen gießfreien Garten.

Die Krümelstruktur können Sie erhalten und fördern durch:

- eine schützende Bodendecke aus einer Mulchschicht,
- eine gute, tiefe Bewurzelung durch Pflanzen,
- ein reges und aktives Bodenleben durch Bodenlebewesen (Tiere und Mikroorganismen),
- einen Tongehalt im Boden (der die Sandanteile zusammenhält) sowie
- eine vorsichtige Bodenbearbeitung.

## Wie verbessere ich meinen Boden?

Hat die Bodenprobe ergeben, dass Sie einen sehr schweren Tonboden ohne Sandanteile haben? Dann können Sie ihn durch das Einbringen von Sand und Kompost in die Wurzelschicht verbessern. Nehmen Sie Pflanzen, die mit schweren Böden umgehen können, und achten Sie immer auf eine gute Mulchdecke. Der Boden wird sich in wenigen Jahren deutlich verbessern! Für eine rasche Lösung können Sie aus alten Ziegeln oder Holzbrettern einen Rahmen bauen und diesen mit einem guten gemischten Boden befüllen, in den Sie die Pflanzen setzen.

Bei zu sandigen Böden, die kein Wasser und keine Nährstoffe halten, kann man den Boden mit Gartenerde und Kompost verbessern. Sie können diese sandigen Stellen im Garten aber auch einfach mit passenden mediterranen Pflanzen bestücken.

Viele Gärtner würden den Boden gerne so anpassen, dass er den Vorstellungen für eine gute Bepflanzung entspricht. Für die Vielfalt im Garten sind aber unterschiedliche Bereiche und dadurch auch ein vielfältigeres Blütenangebot für die Nützlinge erstrebenswert. Biodiversität und Natur im Garten verlangt von uns manchmal mehr Denkarbeit, damit wir die richtigen Pflanzen finden, die an diesen Standorten gut wachsen können.

## Bodenbearbeitung

Den richtigen Zeitpunkt zur Bearbeitung erkennt man daran, dass keine Erde mehr am Werkzeug und den Schuhen kleben bleibt.

In fast jedem Stück Erde kreucht und fleucht es, und im Komposthaufen noch ein wenig mehr.

Bodenlebewesen sind sehr wertvoll für die Krümelstruktur und auch erheblich an ihrer Herstellung beteiligt. Viele Bodenlebewesen bevorzugen eine bestimmte Schicht als Lebensraum. Sauerstoff liebende Bodenlebewesen findet man in höheren Bodenschichten. Lebewesen, die weniger Sauerstoff brauchen, bewohnen die tieferen Schichten. Und alle hassen eine tiefe Bodenbearbeitung. Spatentiefes Umgraben stellt ihr Haus auf den Kopf. Und das würde uns doch auch nicht gefallen?

Eine schonende Bodenbearbeitung besteht aus oberflächlichem Harken, damit Erdschollen aufgebrochen werden. Alternativ können Sie mit der Grabgabel in den Boden stechen, die Gabel dann hin- und herbewegen und so den Boden lockern, ihn jedoch nicht komplett umdrehen. Die natürlichen Schichten im Boden sollen nicht zerstört werden. Bei besonders verdichteten Böden kann man mit der Grabgabel in regelmäßigen Abständen den Boden auflockern, ohne ihn zu wenden.

**Mein Tipp:** Verzichten Sie auf das Einarbeiten von Torf oder torfhaltiger Erde. Torf wird aus Moorlandschaften gewonnen – diese haben mehrere hundert Jahre für den Aufbau gebraucht und sind unersetzlich.

## Naturrasen

Ärgern Sie sich noch über Ihren Rasen? Oder haben Sie schon einen Naturrasen?

Ein gleichmäßiger, sattgrüner Rasen ist eine Diva, die nach einem gut durchlässigen und nährstoffreichen Boden verlangt. Ihr größtes Bedürfnis jedoch ist die regelmäßige Versorgung mit Wasser. Zudem müssen unliebsame Unkräuter, Beikräuter oder andere „Rasenverschmutzer" mit chemischen Keulen bekämpft werden. Dabei sollten wir uns mit ihnen verbünden! Diese Wildkräuter werden zu unseren besten Freunden und lösen im gießarmen Naturgarten den englischen Rasen ab.

Ein Naturrasen bildet sich, nachdem man Gras angebaut hat und dieses ein paar Monate gewachsen ist. Schön langsam schleichen sich Gänseblümchen, Löwenzahn und Klee ein. Später kommen Schafgarbe, Gundelrebe, Spitzwegerich oder das Fünffingerkraut hinzu. Diese Wildkräuter wissen genau, wo sie gerne wachsen. Kurz gemäht sind sie genauso grün und trittfest wie die Monokultur Gras.

Und jetzt das Wichtigste: Ein Naturrasen kommt um Längen besser mit Trockenheit zurecht! Während in der Nachbarschaft jeden Abend der Rasensprenger rattert, ist Ihr Naturrasen völlig unbeeindruckt von der Trockenheit. Und Mulchen kann man mit dem Schnittgut von Naturrasen ebenso gut wie mit Grasschnitt.

Allerdings: Manche Wildkräuter können auch im niedrig geschnittenen Wildrasen blühen. Das lockt Bienen und Hummeln an und man muss genauer aufpassen, wo man hintritt. Doch entscheiden Sie selbst, ob Sie dann von einem echten Nachteil sprechen möchten oder sich über die summende Vielfalt im Garten freuen.

## Zeigerpflanzen

Manche Pflanzen sind nur auf bestimmten Böden zu finden. Sie geben Auskunft über die Bodenbeschaffenheit und den Nährstoffgehalt. Wenn in Ihrem Garten an manchen Stellen schon das wachsen darf, was dort wachsen möchte, werden sich vielleicht auch die Brennnessel oder der Ackerschachtelhalm ansiedeln. Von ihnen und anderen Kräutern können Sie über Ihren Garten lernen:

- Verdichteter Boden: Breitwegerich, Kriechender Hahnenfuß, Gemeine Quecke, Gänsefingerkraut
- Staunässe: Ackerschachtelhalm, Ackerminze, Huflattich
- Nährstoffreicher Boden: Brennnessel, Vogelmiere, Kletten-Labkraut, Melde, Scharfer Hahnenfuß, Löwenzahn
- Sandiger Boden: Sand-Segge, Kleiner Wiesenknopf
- Kalkhaltiger Boden: Kuhschelle, Acker-Rittersporn, Ackerwinde, Leberblümchen, Ringelblume, Wiesensalbei

**Mein Tipp:** Diese Zeigerpflanzen geben Ihnen zusammen mit den Bodenproben einen guten Überblick über die Bodenbeschaffenheit in Ihrem Garten.

## Gekaufte Erde

Solange der eigene Kompost noch nicht reif ist, muss man manchmal auf gekaufte Erde zurückgreifen. Im Fachhandel gibt es viele verschiedene Sorten. Bitte immer darauf achten, dass die Erde torffrei ist. Auf den Verpackungen sind die Inhaltsstoffe vermerkt. Torf wird häufig durch Holzfasern ersetzt, die Wasser speichern und trotzdem umweltfreundlicher sind.
Für die meisten Blumen im Garten reicht normale Blumenerde völlig aus. Für Gemüse können Sie spezielle Sorten kaufen, die mit Sofort- und Langzeitdünger versehen sind. Wenn Sie Gemüse vorziehen wollen, sollten Sie sich für Anzuchterde entscheiden. Sie ist nährstoffarm und dadurch werden die Sämlinge angeregt, kräftige Wurzeln auszubilden.
Anzuchterde kann man aber auch selbst herstellen. Man vermischt dazu Sand, reifen Kompost und normale Erde (aus dem Gemüsebeet) zu gleichen Teilen. Das Gemisch sterilisiert man bei 120 °C Heißluft (Umluft im Backofen). Das hat den Effekt, dass ungewollte Samen nicht mehr aufgehen und schädliche Keime vernichtet werden, die den jungen Wurzeln Schaden zufügen könnten. Nach dem Sterilisieren darf die Anzuchterde zwei Tage auskühlen und ist dann bereit für den Einsatz. Durch das Mischungsverhältnis ist sie gut wasserspeichernd und leicht zu durchwurzeln.

## Bodenversiegelung

Gepflasterte Wege und Terrassen, Gerätehäuschen und Carport – bei kleinen Gärten nehmen diese Elemente oft sehr viel Raum ein. Das bringt mich zum Thema Bodenversiegelung: In einem gießfreien Garten möchten wir so viel Regenwasser wie möglich „ernten“ und nicht aus dem Garten ableiten.

### Gartenwege

Gartenwege dienen der Gestaltung – und natürlich auch der einfachen Erreichbarkeit verschiedener Ziele im Garten. Der wohl wichtigste Weg, nämlich der zum Komposthaufen, sollte ganzjährig trockenen Fußes erreichbar sein. Selbst die ganz Mutigen, die im Winter barfuß unterwegs sind, möchten nicht im Schlamm versinken.
Meistens entsteht der Verlauf der Wege erst durch die Nutzung des Gartens und verändert sich auch mit der Zeit. Deshalb rate ich zu flexiblen Lösungen. Bloß nicht gleich mit betonierten, starren Wegen den Garten einteilen!
Eine flexible Lösung ist das Verlegen von großen Trittflächen, die man aus unterschiedlichen Materialien herstellen kann. Vielleicht sind Steine von der Baustelle übergeblieben oder ein anderer Gartenbesitzer will seine Ziegel loswerden? Tauschbörsen bieten einen guten Fundus.
Damit möglichst viel Regenwasser im eigenen Boden versickern kann, lässt man die Fugen zwischen den Steinen offen. So ist der Weg gut betretbar, leicht mit dem Rasenmäher zu befahren und das Regenwasser findet einen schnellen Weg in den Boden.

Diese Variante der Steinverlegung bietet sich auch bei Sitzplätzen an. Für den Tisch- und Sesselbereich verwendet man größere Platten, damit die

Sesselbeine nicht in den Fugen stehen. Danach werden die Abstände immer luftiger in der Verlegung.

In den Fugen lässt sich gerne die Schafgarbe nieder. Sie hält Trockenheit sehr gut aus, ist trittfest und bildet – kurz gemäht – einen feinen, weichen, grünen Teppich. Je nach Bodenbeschaffenheit werden sich in den Fugen auch andere Wildkräuter ansiedeln, die auch bei widrigen Verhältnissen im Sommer nicht verdorren.

**Regenwasser auffangen**

Eine Regentonne unter der Dachrinne hat wahrscheinlich jede Gärtnerin oder jeder Gärtner in Verwendung. Mit so einer Regentonne haben wir ein hervorragendes Aufzuchtbecken für Mücken bereitgestellt. Ein Tropfen Spülmittel aus der Küche – regelmäßig verwendet – senkt die Oberflächenspannung und verhindert so die Sauerstoffversorgung der Larven.

**Mein Tipp:** Alternativ könne Sie Ihre Regensammelstelle zu einem kleinen Biotop umwandeln. Holen Sie sich aus einem bestehenden Gewässer einen Kübel Schlamm mit Wassergetier. Vor allem Libellenlarven und Schwimmkäfer sind gute Fressfeinde der Mückenlarven.

# Schritt 4: Keine nackte Erde – das Mulchen

Die Natur lebt es uns vor: In einer naturbelassenen Landschaft oder im Wald gibt es nur wenige nackte Böden. Das verhindert das Austrocknen des Bodens oder das Auswaschen von Nährstoffen bei Starkregen. Im Garten können wir es der Natur nachmachen. Wie? Durch Mulchen. So nennt man das Bedecken des Bodens mit organischem Material. Dazu kann man Grasschnitt, Pflanzenteile, Rinde, Laub oder Stroh nehmen. Durch eine Decke aus Mulch wird der Boden das ganze Jahr über vor Witterungseinflüssen geschützt. Die Bodenlebewesen haben ein Dach über dem Kopf.

## Warum mulchen?

**Starkregen**

Bei nackter Erde bildet sich nach Starkregen oft eine harte Schicht an der Oberfläche. Die Wasseraufnahme bei normalem Regen funktioniert dann nicht mehr, das Wasser rinnt einfach ab. Keimlinge können durch diese Oberflächenverhärtung nicht durchbrechen.

Abhilfe schafft das oberflächliche Bearbeiten mit einer Harke. Das reißt die Verhärtungen auf und der Boden wird wieder aufnahmefähig. Eine Mulchschicht schützt bei starkem Regen wie ein Puffer vor Verschlämmung.

**Sommersonne**

Die Mulchdecke bietet Schatten für den Boden und die Bodenlebewesen. Die Sonne kann nicht direkt auf den Boden scheinen und die darunter gelegenen Schichten austrocknen. Das ist unser Ziel, damit die Pflanzen längere Trockenperioden gut überstehen!

**Bodenlebewesen**

Die Bodenlebewesen sind durch ein Dach aus Mulchmaterial geschützt. Sie arbeiten sich bis in die obersten Erdschichten vor. Auch das

Mulchmaterial dient als Nährstoff. Deshalb muss er in regelmäßigen Abständen erneuert werden.

**Beikräuter**

In der Natur übernimmt das Unkraut den Bodenschutz vor Sonne und starken Niederschlägen. Unkräuter – im positiven Sinn Beikräuter genannt – bieten den Insekten rund ums Jahr Nahrung. Deshalb sollten wir an manchen Stellen im Garten diese Beikräuter fördern. Das geht auch in Form einer Wiese, die nur zweimal im Jahr gemäht wird. Im Blumen- oder Gemüsebeet sind Beikräuter nicht erwünscht. Ihre Keimlinge können durch eine Mulchschicht eingedämmt werden.

## Womit und wie mulchen?

Auf allen nicht bewachsenen Flächen wird regelmäßig eine Mulchdecke ausgebreitet oder erneuert. Das Mulchmaterial soll schädlingsfrei sein und von gesunden Pflanzen stammen. Im Sinne der Nachhaltigkeit mulcht man am besten mit vorhandenen Materialien. Ein Naturgarten zeichnet sich dadurch aus, dass immer genug Pflanzmaterial dafür anfällt. Manchmal muss ich allerdings einen Streifen meiner Wiese abmähen, wenn mir Mulchmaterial an einer anderen Stelle fehlt.

Geeignete Materialien sind:

- Grasschnitt (von einer Wiese)
- Rasenschnitt
- Pflanzenschnitt aus dem Garten
- Laub
- Stroh
- Holzhäcksel
- Rindenmulch

Je feiner das Mulchmaterial ist, umso dünner sollte es verteilt werden. Rasenschnitt demnach ziemlich dünn (ca. zwei Zentimeter; außer im trockenen Sommer, da darf es auch eine dickere Schicht sein). Grobe Pflanzenteile wie Brennnesselruten oder Beinwellblätter können Sie dicker schichten.
Je feuchter das Klima und je höher der Niederschlag ist, desto dünner sollte die Mulchschicht verteilt werden. Dies beugt Fäulnis vor.

Die Mulchschicht bleibt je nach Bodenverhältnissen kürzer oder länger liegen. Bei gut durchlässigen Böden mit einem gesunden Bodenleben wird auch die Mulchschicht schneller abgebaut. Bei schweren, nicht sehr belebten Böden wird die Mulchschicht länger bestehen.

## Was kann man beim Mulchen falsch machen?

Einige Mulchmaterialien können die Nährstoffe und die Bodeneigenschaften so verändern, dass sich manche Pflanzen nicht mehr wohlfühlen.

- Rindenmulch von Nadelbäumen macht die Erde sauer. Das mögen nur Pflanzen, die ihren ursprünglichen Standort auch im Nadelwald haben, wie Heidelbeeren oder Heidekraut.
- Bei der Zersetzung von Stroh oder Sägespänen brauchen die Bodenorganismen allen verfügbaren Stickstoff aus der Erde für ihren eigenen Bedarf. So fehlt er den Pflanzen. Stickstoffmangel erkennt man an gelb werdenden Blättern und eingeschränktem Wachstum.

Fragen Sie nach, wenn Sie Mulchmaterial aus fremden Gärten angeboten bekommen. Für den Nachbarn ist es vielleicht praktisch, seinen Rasenschnitt auf diesem Weg loszuwerden. Es ist auch sehr freundlich, aber vergewissern Sie sich, dass auf diesem Weg keine Pestizide, Insektizide oder Kunstdünger in Ihren Garten gelangen und die eigenen Nützlinge und die Wildkräutervielfalt gefährden. Auch Laub vom Straßenrand kann eine hohe Schadstoffbelastung haben.

# Schritt 5: Beste Erde selbstgemacht – Kompost

In einem Naturgarten wird nichts auf den Grünschnittplatz gebracht. Ob Pflanzen- oder Strauchschnitt, Fallobst oder Küchenabfälle – alles findet im Garten eine Verwendung. Das Erfreuliche ist, dass man nach einem Jahr Lagerung dieser Abfälle und einem weiteren Jahr Ruhezeit seinen eigenen Kompost ernten kann.

Kompost ist verrottetes und zu Humus umgewandeltes Pflanzenmaterial. Er wird oft als schwarzes Gold bezeichnet. Völlig zurecht, denn Kompost ist ein Nährstofflieferant und verbessert die Bodenbeschaffenheit.

Fertiger Kompost ist feinkrümelig und hat einen angenehm waldigen Geruch. Er ist tief dunkelbraun bis schwarz gefärbt. In diesem Humus wimmelt es nur so von Bodenlebewesen. Je frischer der Kompost ist, desto nährstoffreicher ist er. Frischer Kompost kann gut als Dünger verwendet werden. Gut abgelagerter Kompost hat weniger Nährstoffe, dafür verbessert er die Bodenstruktur.

## Wie funktioniert ein Komposter?

Ein Komposthaufen ist ein aufgestapelter Haufen von verrottbarem, pflanzlichem Material. Die Pflanzenteile – ich möchte bewusst nicht Abfall sagen – werden nach und nach im Komposter gesammelt. Dabei helfen verschiedene Kompostsysteme. Je nach Gartengröße und Platzangebot gibt es unterschiedliche Ausführungen, die alle gleich gut funktionieren. Es ist eher eine Geschmacksfrage, wofür Sie sich entscheiden.

Durch das lockere Aufschichten von unterschiedlichem organischem Material werden Bodenlebewesen angelockt. Dieser und der natürliche Verrottungsprozess zersetzen die Pflanzenteile. Es ist wichtig, dass der Kompost ausreichend Sauerstoff bekommt. So können auch keine unliebsamen Gerüche entstehen.

Der Komposter sollte unbedingt Bodenschluss haben, damit überschüssiges Regenwasser im Boden versickern kann. Außerdem brauchen die Bodenlebewesen einen Zugang zum kompostierbaren Material.

Die Bodenlebewesen lieben die Abwechslung, deshalb funktioniert eine gute Verrottung nur, wenn unterschiedliches Material eingefüllt wird. Wenn sie etwa Hühner halten und diese die Küchenabfälle bekommen, fehlt dieses nährstoffreiche Material den Bodenlebewesen im Komposter.
Auf den Kompost dürfen:

- Küchenabfälle: Darunter fallen auch Zitrus- und Bananenschalen, die nicht mit Pestiziden behandelt wurden – Obst und Gemüse aus dem Bioladen kann also auf den Komposthaufen
- Abgeschnittene Pflanzenteile wie verblühte Stauden oder ausgerissene Sommerblumen
- Laub (wenn es genug gibt und nicht alles zum Mulchen gebraucht wird)
- Grasschnitt/ Rasenschnitt: nie alles auf einmal. Lagern Sie das Material zwischen und nutzen Sie es, um Küchenabfälle mit einer dünnen Schicht abzudecken. Damit machen Sie es den Amseln schwer: Die Vögel sind sehr wählerisch und suchen auf dem Komposthaufen nach Obst. Dabei fliegen gerne die Eierschalen aus dem Komposter heraus.
- Strauchschnitt: Er verrottet schlecht, deshalb entweder vorher häckseln oder für die Totholzhecke verwenden (erkläre ich noch später)
- Fallobst
- Vorsicht mit wurzelauslaufenden Beikräutern wie Quecke oder kriechendem Hahnenfuß! Da bei der Gartenkompostierung keine hohen Temperaturen anfallen, werden die Wurzelunkräuter auch nicht abgetötet. Diese müssen im Restmüll entsorgt oder in der Sommerhitze gedörrt werden, bevor sie auf dem Komposter landen.

**Mein Tipp:** Experimentieren Sie ruhig beim Befüllen Ihres Komposters herum. So sammeln Sie Erfahrung. Nach dem zweiten Jahr sieht man im fertigen Kompost deutlich, welche Materialien länger für die Verrottung brauchen. Das ist gar nicht tragisch, denn diese Teile kommen einfach noch einmal eine Runde in den Komposter.

## Wann ist meine Komposterde fertig?

Dieses kleine Wunder, aus organischen Abfällen wertvolle Erde selbst herstellen zu können, sollte jeder erleben dürfen. In einer Handvoll Komposterde befinden sich mehr Lebewesen als Menschen auf der Erde. Zuerst arbeiten Pilze und Bakterien an der Zersetzung des Materials, danach kommen Kompostwürmer (klein, dünn, rot), Asseln, Milben und Laufkäfer zu ihrem Einsatz. Im fertigen Kompost kann man dann Regenwürmer und Rosenkäferlarven entdecken. Falls es im Vorjahr viele Maikäfer gab, sind die Larven im Kompost wahrscheinlich Maikäferlarven, die sich gerne von Pflanzenwurzeln ernähren. Daher gut aufpassen, dass die Larven nicht zu frisch eingesetzten Pflanzen kommen.

Bei guten Bedingungen erhalten Sie schon nach sechs Monaten fertigen Kompost, der als Dünger zum Einsatz kommen kann. Nach zwei bis drei Jahren ist Reifekompost entstanden, der zur Bodenverbesserung verwendet werden kann.
Mehrmaliges Umsetzen beschleunigt den Verrottungsprozess. Das bedeutet, dass man den Komposter öffnet und das Material von unten nach oben durchgräbt. Dadurch setzt man die verschiedenen Schichten um. Eventuelle Verdichtungen können so aufgelockert werden.

Wenn Sie einen Fäulnisgeruch wahrnehmen, ist das ein Zeichen dafür, dass Ihr Komposter nicht genug Hohlräume hat und zu wenig Sauerstoff bekommt. Auch hier hilft das Umsetzen, denn damit lockert man das Material. Zusätzlich können Sie mit Strauchschnitt oder grobem Pflanzmaterial eine neue Struktur einbringen. So können die

Bodenlebewesen wieder besser an der Zersetzung arbeiten.

Ist das Material zu trocken, braucht Ihr Komposter Feuchtigkeit. Diese kann man mit frischem Grünschnitt oder dem Einstreuen von Grasschnitt einbringen. Das ist ein Zeichen dafür, dass man den Komposter ab und zu mit Gießwasser versorgen sollte.

**Mein Tipp**: Einen sehr besonderen Kompost erhalten Sie bei der Verrottung von Laub. Falls sie sehr viel Laub im Garten haben und davon trotz Verwendung als Mulchmaterial noch viel übrig ist, nicht ärgern! Eine Komposterde aus Laub ist sehr feinkrümelig und kann auch als Blumenerde zum Einsatz kommen.

## Wie verwende ich die Komposterde?

Wenn es im Frühling an das Auffüllen von Hochbeeten geht oder die Komposterde im Gemüsegarten zum Einsatz kommt, geht das am besten mit feinem, gesiebtem Kompost. Dazu wirft man die Komposterde durch ein schräg aufgestelltes grobes Gitter. Die feine Komposterde fällt durch das Sieb. Die nicht zersetzten, groben Pflanzenteile rutschen ab und wandern wieder zurück in den Komposter.

Für die Verwendung von Kompost als Beigabe zum Pflanzen würde ich mir das Sieben sparen. Auch für die Düngung von Gehölzen, Obstbäumen oder Stauden nehme ich ungesiebten Kompost. Dieser wird einfach oberflächlich in den aufgelockerten Boden eingeharkt und schließlich mit einer Mulchschicht bedeckt.

Wenn noch Komposterde übrig bleibt, können Sie diese auf den zweiten Komposter, der gerade befüllt wurde, verteilen. Dieser geht dann in seine Ruhesaison und der leere, ausgeräumte Teil ist für die neue Befüllung bereit.

**Mein Tipp:** Mit Komposterde kann man auch flüssigen Dünger herstellen. Einfach eine Schaufel Kompost in einen Kübel geben, mit Wasser auffüllen und gut durchrühren. Wenn sich der Kompost abgesetzt hat, können Sie das Kompostwasser zum Gießen Ihrer Pflanzen verwenden.

## Welche Kompostsysteme gibt es?

Im Baumarkt gibt es eine große Auswahl an Fertigkompostern in unterschiedlichen Größen und Ausführungen:

- Komposter aus Metallgittern mit kleineren Lüftungsfeldern
- Komposter aus Metallstreben, die viel Belüftung bieten
- Komposter aus Holzlatten, die nach einigen Jahren ersetzt werden müssen
- Schnellkomposter aus Kunststoff, die oft nicht praktisch zu bedienen sind

Für ein gut funktionierendes System brauchen Sie zwei Komposter: Einen Komposter, den Sie im laufenden Jahr befüllen, und einen zweiten Komposter, der ruht und reift. Das bedeutet aber nicht, dass Sie für zwei riesengroße Systeme im Garten Platz finden müssen. Es reichen auch zwei schmale Kammern. Wenn Sie das nicht im Handel finden, dann können Sie in einem großen Würfel auch einfach eine Zwischenwand einziehen. Es gibt große Kompostgitter, die sich dafür gut eignen.

Bitte bedenken Sie bei Ihrer Kaufentscheidung Folgendes:

- Sie werden den Komposter jeden Tag befüllen. Ist dafür vielleicht ein Klappdeckel praktisch?
- Sie möchten den Kompost eventuell umsetzen. Haben Sie guten Zugang zu dem Material?
- Einmal jährlich möchten Sie fertigen Kompost ernten, am liebsten mit einer großen Schaufel. Ist die Öffnung Ihres Komposters groß genug, um gut arbeiten zu können?

**Mein Tipp:** Wie so oft im Garten ist es auch hier mit einem sehr einfachen, stabilen System schon getan. Ein einfacher Komposter aus Metallgittern hat sich bei mir seit 15 Jahren bewährt.

## Wo ist der optimale Standort für den Komposter?

Nicht zu trocken, nicht zu nass, nicht zu schattig, nicht zu sonnig – das würde er sich wünschen. Für eine gute Verrottung und fleißig mitarbeitende Bodenlebewesen ist ein halbschattiger Standort perfekt. Bei sehr warmem Klima funktioniert ein Komposter auch im Schatten. Wenn man in sehr niederschlagsreichen Gebieten wohnt, ist dagegen auch ein sonniger Standort kein Problem. In Trockenperioden kann man die Bodenlebewesen mit etwas Wasser aus dem Schlauch unterstützen. Auch könnte ein Strauch für die Beschattung gepflanzt werden.

Fast noch wichtiger als die Standortfrage ist die Erreichbarkeit. Fast täglich gehe ich zum Komposter, um die Küchenabfälle zu entsorgen. Im Winter darf der Weg weder matschig noch rutschig sein.

# Schritt 6: Wie gestalte ich einen abwechslungsreichen Naturgarten?

Ein Garten muss vor allem den Ansprüchen des Besitzers gerecht werden. Ohne Kinder braucht man keine Spielmöglichkeiten, ohne Hühner keinen Hühnerstall, und wenn man im Sommer gerne verreist, braucht man zu dieser Zeit kein Gemüse oder Obst.

Die Gestaltungselemente eines Gartens sind so unterschiedlich wie die Besitzer selbst. Es gibt aber ein paar grundlegende Elemente, die einen Garten zu der Wohlfühloase machen, die sich die meisten wünschen.

## Sichtachsen und Gartenräume

Stellen Sie sich vor: Sie besuchen neue Bekannte, treten hinaus auf die Terrasse und können mit einem Blick erfassen, was dieser unbekannte Garten zu bieten hat. Oder aber Sie blicken auf ein Staudenbeet mit einem begrünten Zaun dahinter. Da kommt doch noch was? Ihr Blick wird wacher, Sie möchten den Garten kennenlernen und laufen los. Was verbirgt sich hinter dem Holzstoß? Geht es hinter dem Strauch weiter? Den versteckten Sitzplatz entdecken Sie vielleicht erst auf dem Rückweg und finden ihn entzückend.
Dieses Gefühl entsteht durch die Gestaltung mit Sichtachsen und Gartenräumen. Dazu teilt man

den Garten in kleine Bereiche, die von höheren Elementen begrenzt werden. Eine Blickachse oder ein Weg führen zum nächsten Gartenraum. Nutzen Sie effektvolle und naturnahe Gestaltungselemente wie Solitärpflanzen, Holzstapel, Zäune oder Totholzhecken, um immer wieder für Überraschungen zu sorgen.

## Vielfalt im Garten

- Ein Garten soll oft viele Erwartungen und Funktionen erfüllen. Der Garten soll mit uns leben und gedeihen. Kinder sollen im Garten ausgelassen spielen und experimentieren können. Es soll Sitzplätze und Ruheplätze geben, Gemüsebeete und Naschhecken, einen Hausbaum für den Schatten und vor allem eines, nämlich wenig Arbeit!

Da heißt es überlegen und planen. Bevor Sie an die Gartengestaltung gehen, sollten Sie zuerst ein paar Fragen beantworten.

- Wer nutzt den Garten?
- Was soll mir mein Garten bieten?
- Welche Ansprüche habe ich an meinen Garten und wie viel Zeit möchte ich dafür aufwenden?
- Wenn Sie Kinder haben und die Ansprüche dem Alter angepasst werden sollen: Soll der Garten mitwachsen, darf er sich ändern?
- Wie ist der Garten ausgerichtet? Schattig, sonnig, feucht, trocken? Der angelegte Gartenplan mit der Sonnenstandbeobachtung hilft dabei.
- Möchte ich Rasenmähen?
- Wäre ein Naturrasen das Richtige?
- Ist genug Platz für eine Blumenwiese oder einen Totholzhaufen?
- Möchte ich Gemüse und Obst ernten?
- Habe ich auch die Zeit für das Anbauen, Pflegen, Ernten und Verarbeiten?
- Möchte ich Boden- oder Hochbeete? Natürlich sind Hochbeete etwas arbeitsintensiver beim Errichten, aber danach lässt sich sehr angenehm damit arbeiten. Sie sind aber nicht für alle Gemüsesorten praktisch. Für Kartoffeln, Schwarzwurzeln oder Kren (Meerrettich) ist ein Bodenbeet besser geeignet als ein Hochbeet. Wenn man nicht viele Nacktschnecken hat, ist ein Bodenbeet kein Problem.
- Ist genug Mulchmaterial im Garten?
- Kann genug Regenwasser gesammelt werden?
- Kann im Sommer regelmäßig gegossen werden?

## Stauden

Staudenbeete runden den Garten ab. Wenn sie gut durchdacht sind, bieten sie fast ganzjährig Blüten und dekorative Blätter. Gerade deshalb ist die Anordnung der Pflanzen sehr wichtig. Große, hohe Pflanzen gehören in den Hintergrund und nach vorn abfallend eher kleinere Pflanzen.

Ins Staudenbeet lassen sich wunderbar Kräuter und sogar Gemüse integrieren. Und Staudenbeete lassen sich auch perfekt farblich abstimmen. Blattfarbe, Blattform, Wuchshöhe und Blüte sind dabei zu berücksichtigen. Es gibt geeignete Stauden für Sonne, Halbschatten oder Schatten. Gerade bei Schattenbeeten gibt es besonders dekorative Möglichkeiten mit Farnen und Funkien.

**Mein Tipp**: Vermeiden Sie die Verwendung von Kies in Ihrem Garten. Diese Art der Gestaltung nimmt so vielen Tierarten den Lebensraum.

## Wilde Wiese

Einen Blühstreifen im Garten zu haben, ist ein weiterer Schritt zur im wörtlichen Sinne lebendigen Vielfalt. Die Wiesenblumen bieten einer Vielzahl an Insekten eine Nahrungsquelle. Durch eine gute Samenmischung kann man die Blühdauer ausdehnen und erreicht eine Blütezeit von Mai bis Oktober. Aber nicht nur die Blüten in der Wiese liefern Nektar und Pollen, auch die Blätter sind Futterstellen, etwa für Schmetterlingsraupen. Im dichten Gewirr an Stielen und Blättern bietet die Wiese Versteckmöglichkeiten und einen Lebensraum für weitere Nützlinge im Garten.

Ausführliche Informationen zum Anlegen einer Blumenwiese habe ich im hinteren Teil des Buches zusammengestellt.

## Sichtschutz

Viele Gartenbesitzer wünschen sich einen Platz im Garten, wo sie vor neugierigen Blicken geschützt sind. Besonders zum Nachbarn oder zur Straße plant man deshalb oft einen Sichtschutz.

Möglichkeiten zur Realisierung sind Hecken oder Zäune. Stellen Sie sich die Frage: Wie viel Platz ist da und wie arbeitsintensiv darf es sein?

Wenn Sie viel Platz haben, ist eine Hecke immer die beste Wahl. Heimische Pflanzen wie Schlehe, Haselnuss oder Eberesche bieten Vögeln und Kleintieren im Garten Nahrung und einen Unterschlupf. Eine Hecke sollte gut durchdacht und geplant sein, damit man auch lange Freude mit ihr hat. Viele Heckenpflanzen brauchen einen jährlichen Rückschnitt, damit sie nicht kahl werden und auch im Folgejahr wieder voller Blüten sind. Die meisten sind stark wüchsig und werden zu Beginn zu dicht gesetzt.

Bei geringem Platzbedarf ist ein Zaun sicher die beste Lösung. Zaunelemente können als Rankhilfe dienen für kletternde Stauden (Lonicera, Clematis, Klettertrompete), Beerensträucher (Brombeeren, Himbeeren) oder Gemüse (Bohnen). Sie können den Zaun auch in einer schönen Farbe streichen und davor ein Staudenbeet anlegen. Wählen Sie für den Hintergrund einen Strauch mit Mehrwert, zum Beispiel die Felsenbirne (tolle Blüte, hitzeresistent, Naschobst).

## Der Hausbaum

Einen Baum im Garten zu haben, ist eine große Sache. Er bietet im Sommer Schatten, braucht aber auch Platz. Die meisten Bäume gibt es in einer großen, ursprünglichen Form für Parkanlagen und große Gärten. Sehr viele Züchtungen sind aber an die städtischen Gärten angepasst und passen auch gut in einen Hausgarten.

Schauen wir uns gemeinsam an, welche Kronenformen und welche Blattfärbung es gibt und wie viel Platz die verschiedenen Bäume brauchen.

### Blattfarbe

Bei der Blattfarbe gibt es grundsätzlich zwei Unterscheidungen: Grün in allen Varianten, mal heller, mal dunkler, und die rotblättrigen Arten. Bäume mit roten Blättern haben dies schon oft im Namen wie Blutbuche oder Schwarzer Holunder. Auch die Herbstfärbung spielt bei der Auswahl eine Rolle. Es gibt Bäume mit leuchtend gelbem Herbstlaub wie die Winterlinde oder solche mit Rottönen wie der Feldahorn.

praktisch? Für den Vorgarten eignen sich eher Bäume in Kugel- oder Säulenform, die wenig Platz brauchen, aber einen schönen Blickpunkt bilden. Oder wünschen Sie sich einen Baum mit breiter Krone, unter dem Sie einen Sitzplatz und ein Staudenbeet anlegen können?

### Wurzelsystem

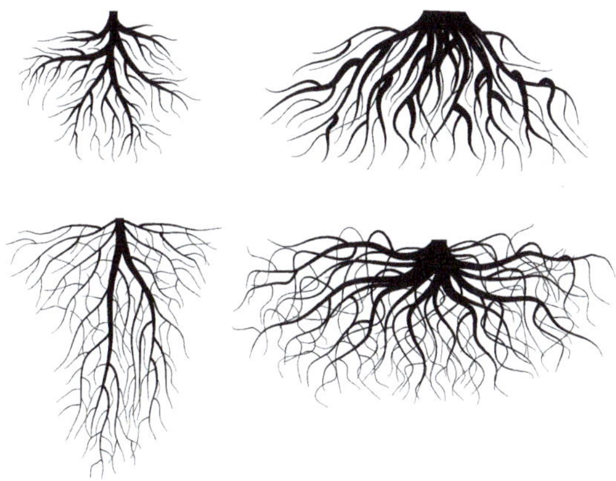

### Wuchsform

Bevorzugen Sie einen Baum mit aufrechtem Wuchs oder gefallen Ihnen hängende Äste? Der Fachhandel bietet fast jeden gängigen Laubbaum auch in der Hängevariante an. Das sieht nicht nur toll aus, sondern bietet eine nette Spielmöglichkeit für Kinder. Aber ist es in ihrem Garten auch

Ein Baum besteht nicht nur aus dem Stamm und der Krone, sondern auch aus einem Wurzelsystem, das ihn mit Nährstoffen und Wasser versorgt. Die Wurzeln erstrecken sich meist genauso weit, wie die Blätterkrone groß ist. Beachten Sie bei der Entscheidung für Ihren Hausbaum, ob er auch unterirdisch zu Ihrem Grundstück und Ihren Plänen zur Bepflanzung passt.

- Flachwurzler: Der Begriff beschreibt ein sehr flaches, sich in der obersten Erdschicht ausbreitendes Wurzelsystem. Bei flachwurzelnden Bäumen ist eine Bepflanzung der Baumscheibe nicht ratsam, da die Baumwurzeln eine starke Konkurrenz zu den Stauden bilden würden.
- Pfahlwurzler: Die Pfahlwurzel bildet sich aus der Keimwurzel und wird die Hauptwurzel. Diese wächst gerade nach unten in die tieferen Bodenschichten. Es bilden sich kaum starke Seitenwurzeln. Diese Bäume sind sehr sturmsicher und überstehen längere Trockenperioden gut.
- Herzwurzler: Diese Bäume haben ein ausgeprägtes Wurzelsystem, das sich in die Breite und in die Tiefe erstreckt. Die meisten Laubbäume sind Herzwurzler. Sie schieben in den ersten Jahren eine tiefe Pfahlwurzel in den Boden und verzweigen sich in den restlichen Jahren. Herzwurzler sind sehr sturmsicher und halten auch Trockenheit gut aus.

**Laub oder Früchte?**

Wenn Sie hauptsächlich den Baumschatten genießen möchten, können Sie zwischen einem Laubbaum und einem Obstbaum wählen. Ein Obstbaum hat im Frühjahr eine schöne Blüte, die als Bienenweide dient, spendet im Sommer Schatten und erfordert im Herbst ein wenig Arbeit: Ernten und Verarbeiten der Früchte, aber auch ein regelmäßiges Aufklauben des Fallobstes, um die Wespen in Schach zu halten.

Falls es ein Obstbaum sein soll, haben sie hier eine große Auswahl: Viele Obstgehölze werden als Spalierobst angeboten. Das bedeutet, dass die Äste entlang eines Holzgerüsts gezogen werden. Diese Bäume haben in der Breite nur etwa einen Meter Platzbedarf. Freistehende Obstbäume werden unterteilt in Busch, Halbstamm und Hochstamm. Die Wuchsform legt fest, auf welcher Höhe die ersten Äste beginnen. Ein Obstbaum in Form eines Busches ist sehr praktisch, da man ohne Leiter ernten kann. Für einen eher kleinen Garten ist Säulenobst ideal. Hier wächst der Obstbaum schmal in die Höhe und nimmt somit auch nur sehr wenig Platz ein (ca. 1 $m^2$).

# 2

# 111 KLIMAFITTE PFLANZEN

# Schritt 7: Die richtige Pflanzenwahl

Wenn Sie die Fragen oben beantwortet haben, wissen Sie jetzt, wie Sie Ihren Garten nutzen und gestalten möchten. Nun geht es an die Auswahl der Pflanzen. Im Naturgarten heißt das: Pflanzen zu wählen, die mit wenig Wasser und ohne Kunstdünger auskommen. Dabei müssen die Bodenverhältnisse beachtet werden.

Pflanzen, die mit den vorherrschenden Wetterbedingungen gut zurechtkommen und die auch in heißen Sommern mit wenig Regen gedeihen, nennen wir klimafit. Im ersten Jahr nach der Neupflanzung werden die meisten Pflanzen einen erhöhten Wasserverbrauch haben. Wenn sie dann gut eingewurzelt sind, können sie auch trockene Perioden überstehen.

Bei der Auswahl, welche Bäume, Sträucher oder Stauden infrage kommen, spielen natürlich auch die Wuchsform, Blatt- und Blütenfarbe sowie der Nutzen eine Rolle. Das alles ist in den nun folgenden Pflanzenporträts beschrieben.

# Bäume

## 1. **Birke** – *Betula*

Birken sind ganzjährig dekorative Bäume für einen größeren Garten. Mit ihrer auffallenden weißen Rinde, den zarten Ästen und der gelb leuchtenden Herbstfärbung macht dieser Baum Eindruck.

**Boden:** anspruchslos
**Wurzeln:** Flachwurzler
**Schatten:** luftig und durchlässig
**Platzbedarf:** Heimische Weißbirke: Höhe 15 bis 20 m, Breite 10 bis 12 m; Blutbirke (dunkelpurpur): Höhe 5 bis 8 m, Breite ca. 4 m; Hängebirke: Höhe 3 bis 5 m, Breite 4 m

**Mein Tipp**: Elfenblume, Funkien oder Staudenjohanniskraut sind hübsche Pflanzen neben der Baumscheibe. Achtung bei Pollenallergikern!

## 2. **Kastanie** – *Aesculus*

Die Kastanie ist ein imposanter Baum. Das dichte Blätterdach macht sie zu einem großartigen Schattenspender. Die reiche Blüte dient als Bienenweide. Die kräftig grünen Blätter bekommen eine leuchtend gelbe Herbstfärbung. Im Herbst fallen dann auch die Kastanien mit ihren stacheligen Schalen vom Baum. Das sorgt für einen erhöhten Arbeitsaufwand. Kastanien verrotten nur schlecht und keimen im Kompost gerne an.

**Boden:** auch für schwere, tiefgründige Böden geeignet
**Wurzeln:** Tiefwurzler
**Schatten:** dicht, aufrechte runde Krone
**Platzbedarf:** Scharlachkastanie (fast nicht fruchtend): Höhe 10 bis 15 m, Breite 8 bis 10 m; Gelbe Kastanie: Höhe 8 bis 10 m, Breite 8 m

**Mein Tipp**: Wenn Sie zu viele Kastanien haben, können Sie diese einsammeln und zu einem Wildtierpark oder zu Jägern (für die Rehfütterung) bringen.

## 3. **Blumenesche** – *Fraxinus ornus*

Die Blumenesche besticht durch ihre blaugrüne Blattfarbe und die graue Rinde. Sie blüht je nach Lage ab Mai oder Juni mit weißen bis cremefarbenen Rispen, die stark duften. Die Krone ist breit, oval bis fast rund und unregelmäßig. Die Flügelfrüchte sehen aus wie kleine Paddel. Wenn sie zu Boden fallen, können sie einfach mit dem Rasenmäher mitgemäht werden. Die Blumenesche ist ein anspruchsloser und genügsamer Baum, der auch im Garten nicht zu groß wird.

**Boden:** verträgt auch steinigen, sandigen Boden in voller Sonne; kein Konkurrenzbaum in der Nähe
**Wurzeln:** Herzwurzler
**Schatten:** lichte Baumkrone
**Platzbedarf:** Säulen-Blumenesche: Höhe 8 bis 10 m, Breite 3 bis 4 m

## 4. **Winterlinde** – *Tilia cordata*

Die Winterlinde ist ein heimischer Baum, der einen dichten Schatten bietet. Die unauffällige Blüte ist gelb und bildet mit dem angenehm beruhigenden Duft einen wahren Bienen- und Hummelmagneten. Die dicht belaubte Krone färbt sich im Herbst leuchtend gelb. Die Samenstände fallen im Herbst und werden einfach mit gemäht, es ist kein vermehrter Arbeitseinsatz notwendig.

**Boden:** tiefgründig, aber auch feucht
**Wurzeln:** Flach- und Tiefwurzler
**Schatten:** dichter Schatten
**Platzbedarf:** Schlanke Winterlinde: Höhe 10 bis 15 m, Breite 5 bis 8 m; Kugelwinterlinde: Höhe 5 bis 6 m, Breite 4 bis 5 m

## 5. **Feldahorn** – *Acer campestre*

Der Feldahorn ist ein widerstandsfähiger heimischer Baum. Er hat eine dicht verzweigte Krone und einen auffällig späten Laubfall mit gelber Herbstfärbung. Seine unauffälligen, hellgrünen Blüten stehen in Büscheln zusammen und sind eine Nahrungsquelle für Insekten. Er bekommt keine Früchte, dementsprechend gering ist der Arbeitsaufwand. Der Feldahorn bevorzugt warme, sonnige Plätze. Im Schatten verkümmert er! Seine dichte Krone bietet einen ausgezeichneten Nistplatz für Vögel.

Boden: keine besonderen Ansprüche, keine Staunässe

**Wurzeln:** Herzwurzler
**Schatten:** dichte Krone
**Platzbedarf:** Feldahorn: Höhe 6 bis 10 m, Breite 4 bis 5 m; Kugel-Feldahorn: Höhe 4 m, Breite 2 bis 3 m; Säulenahorn: Höhe 8 bis 10 m, Breite 3 bis 5 m

## 6. **Judasbaum** – *Cercis*

Der Judasbaum ist ein hübscher Baum, der Trockenheit gut verträgt. Er wächst schlank, oft mehrstämmig und wird nicht zu hoch. Der Standort sollte sonnig bis halbschattig gewählt werden. Das Besondere am Judasbaum sind seine Blüten. Sie treiben im Mai und Juni direkt aus dem alten Holz und überziehen die Äste. Es gibt den Baum auch mit rotem Laub und die Blüte in verschiedenen Lilatönen. Die Früchte sind längliche Schoten, die oft den Winter über am Strauch hängen bleiben. Der Judasbaum passt gut in ein Beet mit anderen Frühlingsblühern wie Zierlauch und Kuhschellen.

**Boden:** durchlässig
**Wurzeln:** Tiefwurzler
**Schatten:** lichte Baumkrone
**Platzbedarf:** grünblättrig mit orangener Herbstfärbung: Höhe 4 bis 6 m, Breite 3 bis 5 m; rotblättriger Judasbaum: Höhe 5 bis 6 m, Breite 5 bis 6 m; südeuropäischer Judasbaum: Höhe 3 bis 5 m, Breite 3 bis 5 m

Die schmalblättrige Ölweide ist ein Naschgehölz, jedoch weitgehend unbekannt. Sie ist als Strauch oder in Stammform erhältlich und trägt kleine rote Früchte, die vom Aussehen an Kirschen erinnern. Die Blüten locken eine Unzahl an Insekten an. Die Früchte schmecken herb säuerlich. Sie dienen den Vögeln als Nahrung und lassen sich auch gut zu Marmelade und Sirup verarbeiten.

Die Ölweide ist extrem robust und wächst auch in exponierten, windigen Lagen sehr gut. Sie hat keinerlei Ansprüche an den Boden und verträgt Trockenheit ausgezeichnet. Man kann aus unterschiedlichen Laubfarben auswählen, z. B. die graublättrige, die buntblättrige oder die immergrüne Ölweide.

Jede Sorte hat ihre Besonderheiten: Die buntblättrige Ölweide verträgt kalte Lagen nur sehr schlecht. Im Winter muss man sie gut mit Laub einpacken. Die silberblättrige Ölweide bildet gerne Wurzelausläufer. Hier ist also eine Rhizomsperre im Pflanzloch ratsam. Die schmalblättrige Weide blüht innen gelb und außen silbrig von Mai bis Juni. Die kleinen, sternförmigen gelben Blüten duften und leuchten aus dem silbrigen Laub. Die Wintergrüne Ölweide zeigt von Oktober bis November ihre weißen, stark duftenden Blüten.

Ölweiden brauchen nur als Formgehölze oder in der Hecke einen Schnitt. Wie immer ist der Frühling eine gute Schnittzeit.

**Boden:** durchlässig und nährstoffarm
**Wurzeln:** Tiefwurzler
**Schatten:** lichte Baumkrone
**Platzbedarf:** je nach Sorte – Achtung, ihre Äste tragen Dornen!

Der Ginkgo oder Fächerblätter-Baum ist eine botanische Kuriosität. Eigentlich zählt er zu den Nadelbäumen, bildet aber das Übergangsstadium von Nadel- zu Laubbaum. Er hat fächerartige, breite, laubähnliche Nadeln, die eine leuchtend gelbe Herbstfärbung zeigen.

Den Ginkgo gibt es in mehreren Ausführungen: als aufrechten großen Baum mit luftigem Schatten, als Baum mit kegelförmigem Wuchs, in Säulen- oder Kugelform oder als aparten Strauch mit geschlitzten Blättern.

Der Ginkgo verträgt sonnige bis halbschattige Standorte. Er hat einen sehr langsamen Wuchs, ist äußerst winterhart und in den späteren Jahren unempfindlich gegen Schädlinge. Er verlangt keine Schnittmaßnahmen.

**Boden:** durchlässig und nährstoffarm

**Wurzeln:** Herzwurzler

**Schatten:** lichte Baumkrone

**Platzbedarf:** Kugelform: Höhe 1,5 bis 3 m, Breite 1,5 m; Säulen-Ginkgo: Höhe 15 bis 20 m, Breite 3 bis 4 m

**Mein Tipp**: Es gibt männliche und weibliche Bäume. Die herabfallenden, verrotteten Früchte der weiblichen Bäume beginnen unangenehm zu riechen (nach Buttersäure). Die ersten Blüten und Früchte erscheinen allerdings frühestens nach 20 Jahren.

# Gehölze

Zu den Gehölzen zählen ausdauernde Pflanzen, die oberirdisch verholzte Teile entwickeln. Bilden die verholzten Teile einen Stamm, zählt die Pflanze zu den Bäumen. Verzweigen sich die verholzten Teile mehrfach, zählt die Pflanze zu den Sträuchern. Die verholzten Teile tragen dazu bei, dass die Pflanze an Größe zunimmt. Sie können aufrecht oder bodendeckend wachsen. Heimische Gehölze zeichnen sich durch hohe Widerstandsfähigkeit gegen Krankheiten und Insektenfraß aus. Sie bieten für eine Vielzahl an Gartennützlingen einen Lebensraum und Nahrung. Auch für uns Menschen – viele Früchte ergeben köstliche Marmeladen oder Chutneys. Bitte verwenden Sie aber nur Früchte, die Sie auch eindeutig bestimmen können!

Was in welchem Gebiet und in welcher Klimazone heimisch ist, könnte zur Streitfrage werden. Ich finde: Wenn das Gehölz das vorherrschende Klima aushält und eine Nahrungsquelle für heimische Tierarten bietet, hat es auch in einem Naturgarten eine Daseinsberechtigung.

Manche Gehölze erfordern oder vertragen einen Rückschnitt, andere sollten ihren Naturwuchs behalten. Schauen wir uns ein paar klimafitte Sträucher mit unterschiedlichen Blüten- und Blattfarben, Schnittbedarf oder Naturwuchs sowie mit und ohne Fruchtgenuss an.

## 9. **9. Felsenbirne** – *Amelanchier*

Die Felsenbirne ist ein heimischer Strauch mit interessanter Wuchsform – unten schmaler und nach oben hin breiter werdend. Sie ist mittelstark wachsend und ein Formschnitt ist nicht notwendig. Dieser würde nur die natürliche Optik ruinieren. Die Blüten erscheinen vor dem Laubaustrieb als kleine weiße Sterne und sind zeitige Nektarlieferanten für Bienen. Die kleinen Früchte sind dunkelrot bis schwarz und hängen in Trauben an den Ästen. Sie sind roh genießbar und besonders mild, da sie fast keine Fruchtsäure besitzen. Ein idealer Strauch zum Naschen. Die Blätter sind klein und rundlich und zeigen eine prächtige Herbstfärbung.

**Boden:** anspruchslos, auch kalkhaltig

**Blütezeit:** Mai

**Platzbedarf:** Amelanchier alnifolia Óbelisk´ (Säule): Höhe 3 bis 5 m, Breite 1 bis 1,5 m;

**Amelanchier Ballerina:** Höhe 3 bis 6 m, Breite 4 bis 5 m;

**Kupfer-Felsenbirne mit bronzefarbenen Blättern:** Höhe 7 bis 10 m, Breite 4 bis 6 m

## 10. **Erbsenstrauch** – *Caragana*

Dieser genügsame Strauch hat kleine, hellgrüne Fiederblättchen. Die kleinen gelben Blüten dienen als Bienenweide. Die jungen Triebe können stachelig sein. Der Erbsenstrauch ist unempfindlich gegen Wind und deshalb in exponierten Lagen als Windschutz gut geeignet. Ein Rückschnitt ist nicht notwendig.

Alle Teile des Erbsenstrauchs sind leicht giftig. Die Früchte sehen aus wie lange braune Schoten. Selbstaussaat ist kaum möglich.

**Boden:** durchlässig, volle Sonne
**Wurzeln:** Tiefwurzler
**Platzbedarf:** Caragana arborescens: 1,5 bis 2 m hoch und breit

## 11. **Sommerflieder** – *Buddleia*

Der Sommerflieder wird gerne in der Hecke verwendet. Ein regelmäßiger Rückschnitt, der tief ins alte Holz geht, macht ihn buschig und blühfreudig. Der Sommerflieder oder auch Schmetterlingsflieder ist ein Magnet für Insekten – aber Achtung, er bietet nur Nahrung für Schmetterlinge. Die Schmetterlingsraupen brauchen unbedingt Wildkräuter wie die Brennnessel. Den Sommerflieder gibt es nicht nur in den bekannten Lilatönen, sondern auch in Gelb (Sungold), Lilablau mit Orange (Flower Power) oder Weiß (White Profusion). So kann man ihn farblich auf die Gartengestaltung abstimmen.

**Boden:** anspruchslos, gut trockenheitsverträglich
**Blütezeit:** Juni bis Oktober
**Platzbedarf:** 2 bis 3 m hoch und breit

**Mein Tipp**: Da Sommerflieder nur an neuem Holz blüht, ist ein regelmäßiger Rückschnitt erforderlich. Die Knospen werden nach der späten Blüte angesetzt, deshalb ist der richtige Zeitpunkt für den Rückschnitt im Herbst.

## 12. **Hainbuche** – *Carpinus*

Die Hainbuche ist ein heimisches Gehölz, das sehr zeitig im Frühjahr austreibt. Ihre Blätter bekommen eine gelbe Herbstfärbung und bleiben oft bis in den Frühling an den Zweigen hängen. So bietet sie auch im Winter einen Sichtschutz und wird aufgrund ihres schnellen Wuchses sehr gerne als Hecke verwendet.

Die Hainbuche kann bis zu 10 m hoch werden. Dieses starkwüchsige Gehölz verlangt einen regelmäßigen Rückschnitt, außer man möchte die Hainbuche als Einzelstrauch verwenden, der hoch werden darf.

**Boden:** anspruchslos
**Platzbedarf:** Höhe 8 bis 10 m, Breite 1 bis 2 m;
**Pyramiden-Hainbuche:** Höhe 5 m, Breite 3 m;
**Säulen-Hainbuche:** Höhe 6 bis 8 m, Breite 2 m

**Mein Tipp**: Informieren Sie sich vor der Pflanzung einer Hainbuchen-Hecke, ob zum Nachbargarten eine gewisse Höhe eingehalten werden muss. Der Rückschnitt erfolgt im Herbst oder zeitigen Frühjahr und bringt viel Schnittmaterial mit sich.

## 13. **Perückenstrauch** – *Cotinus*

Der Perückenstrauch ist ein Hingucker, der auf alle Fälle einen besonderen Platz im Garten verdient. Seine sperrigen Äste sind auch im Winter dekorativ. Er wächst zuerst in die Höhe, dann in die Breite. Einen Rückschnitt verzeiht er nicht gerne.

Das Besondere an diesem Gehölz sind die wolligen Früchte, die ein wenig an Perücken erinnern. Sie bilden sich aus den recht unscheinbaren Blütenständen, die den ganzen Strauch bedecken. Der Cotinus mag einen voll sonnigen Standort. Seine Herbstfärbung ist leuchtend orange bis rot.

**Boden:** anspruchslos, gut durchlässig, volle Sonne
**Blütezeit:** Juni bis Juli
**Platzbedarf:** Grünblättriger Perückenstrauch: 3 bis 4 m hoch und breit; Rotblättriger Perückenstrauch: 3 m hoch und breit

## 14. **Ginster** – *Cytisus*

Der Ginster ist ein gelb oder rosa blühender Frühlingsstrauch, der einen sonnigen Platz liebt. Durch seine tiefen Pfahlwurzeln kommt er mit Trockenheit gut zurecht. Er eignet sich besonders gut für die Bepflanzung an Steinmauern, Böschungen, sandigen oder steinigen Stellen. Die Blüten sind gelb, cremeweiß, blassrot, kaminrot oder purpurrot. Im Herbst bildet er längliche, braune Hülsenfrüchte aus.

Der Ginster ist nicht gut schnittverträglich. Wenn es unbedingt notwendig ist, dann kann man nach der Blüte ca. 1/3 der Länge vom jungen Holz wegschneiden. Achtung, alle Teile des Ginsters sind giftig!

**Boden:** sandig, gut durchlässig, nährstoffarm
**Blütezeit:** Mai bis Juni
**Platzbedarf:** Frühlingsginster: Höhe 1,5 m, Breite 1 m; Kriechginster: Höhe 0,5 m, Breite 1 m

**Mein Tipp**: Je sonniger ein Ginster steht, desto mehr Blüten entwickelt er.

## 15. **Weißdorn** – *Crateagus*

Der Weißdorn ist ein heimisches Wildgehölz. In der Natur findet man ihn vor allem in Windschutzgürteln. Für den Garten ist er gut geeignet, da er sehr anpassungsfähig ist. Dabei bevorzugt er einen sonnigen Standort. Ein Rückschnitt des Strauches ist nicht notwendig. Die kleinen weißen Blüten bilden eine Bienenweide. Sie sitzen am mehrjährigen Holz und blühen im Frühling. Die roten Beeren sind essbar, jedoch nicht besonders geschmackvoll. Für Singvögel sind sie aber eine willkommene Abwechslung auf dem Speiseplan. Der stark verzweigte Wuchs bietet den Vögeln eine gute Nistmöglichkeit. Der Neuntöter nutzt die langen Stacheln des Weißdorns, um Insekten daran aufzuspießen und diese dann später zu verzehren.

**Boden:** lehmige bis tonige Böden
**Blütezeit:** Mai bis Juni
**Platzbedarf:** Azarolapfel: Höhe 5 bis 8 m, Breite 4 bis 5 m; Weißdorn: Höhe 5 bis 6 m, Breite 4 m; Rotdorn: Höhe 4 bis 5 m, Breite 4 m

**Mein Tipp:** Die Wurzeln des Weißdorns gehen tief ins Erdreich. Deshalb eignet er sich gut als hohes Element in einem Staudenbeet.

## 16. **Pfaffenhütchen** – *Euonymus europaeus*

Das heimische Pfaffenhütchen ist Ihnen wahrscheinlich schon mal bei einem Spaziergang durch die Felder aufgefallen. Es ist ein typischer Strauch in Windschutzgürteln. Aber auch im Garten macht er mit seinen rosa-orangenen Früchten eine gute Figur. Achtung, die Früchte sind giftig!

Die schmucke Herbstfärbung geht in tiefe Rottöne. Der reich verzweigte Wuchs bietet eine gute Nistmöglichkeit für Vögel, die im Winter auch gerne die Früchte verspeisen. Das Pfaffenhütchen ist ein Flachwurzler, daher sollte man keine Unterpflanzung planen. Er gehört nicht ins Staudenbeet.

**Boden:** nährstoffreiche bis schwere Böden
**Blütezeit:** Mai, aber völlig unscheinbar
**Platzbedarf:** 2 bis 3 m hoch und breit

## 17. **Prunkspiere** – *Exochorda*

Ein Frühlingstraum in Weiß wird hier wahr. Die Prunkstpiere trägt im Mai eine Unzahl an großen weißen, leicht duftenden Blüten und hellgrünes Laub. Ihr Wuchs ist aufrecht, wobei die Äste leicht überhängen. Ein Rückschnitt ist nicht nötig. Ein guter Platz für sie ist in der Hecke, oder man setzt sie als Blickfänger in ein Staudenbeet.

Die Prunkspiere verträgt die volle Sonne und auch nur hier zeigt sie ihre volle Blütenpracht.

**Boden:** durchlässig, auch kalkverträglich
**Blütezeit:** Mai bis Juni
**Platzbedarf:** 2 m hoch und breit; kompakte Prunkspiere: 1 m hoch und breit

## 18. **Sanddorn** – *Hippophae*

Dieser klimafitte heimische Strauch hat eine seltene grau-silbrige Laubfärbung und gelb-orange leuchtende Früchte. Hübsch ist er, aber er hat auch wirklich lange Dornen. Deshalb wird er gerne als Heckengehölz verwendet, das ungebetene Gäste abhält.

Sanddorn verträgt volle Sonne und karge Böden. Er braucht einen regelmäßigen Rückschnitt, um nicht von innen zu verkahlen. Eine Wurzelsperre verhindert Ausläufer.

**Boden:** sandige, durchlässige Böden
**Blütezeit:** März bis Mai
**Platzbedarf:** Höhe 3 bis 4 m, Breite 3 m

**Mein Tipp**: Sanddornbeeren sind ein heimisches Superfood mit hohem Vitamin-C-Gehalt. Für eine gute Ernte setzt man weibliche und männliche Pflanzen.

## 19. **Eichblatt-Hortensie** – *Hydrangea quercifolia*

Hortensien mit ihren auffallenden Blüten sind in den letzten Jahren wieder häufiger in Gärten zu sehen. Leider sind die großblütigen Bauernhortensien nicht für niederschlagsarme Regionen geeignet. Aber es gibt zum Glück die Eichblatt-Hortensie. Das ist ein kugelförmiger Strauch, der mit widrigen Verhältnissen vor allem Trockenheit gut zurechtkommt. Die großen, dunkelgrünen Blätter sind auf der Unterseite graugrün und filzig. Ihre Herbstfärbung reicht von Gelb bis zu flammendem Rot. Die großen, weißen Rispenblüten thronen über den Blättern. Die Eichblatt-Hortensie braucht einen sonnigen Platz und steht gerne windgeschützt. Ihr Herbstlaub bleibt dann fast den ganzen Winter an den Ästen. Ein Schnitt ist nicht notwendig. Im Frühling können die verblühten Blütenrispen herausgeschnitten werden. Achtung, die Blütenknospen sitzen am alten Holz!

**Boden:** nährstoffreiche, durchlässige Böden
**Wurzel:** Herzwurzel
**Blütezeit:** Juli bis August
**Platzbedarf:** 1 bis 1,5 m breit und hoch

## 20. **Hopfenbuche** – *Ostyra*

Die Hopfenbuche gibt es sowohl als Strauch und auch als Baum mit hübschen, weißen, hopfenartigen Fruchtständen. Die Blütenstände sehen denen der Birke sehr ähnlich und sind hellgrüngelblich. In jungen Jahren hat die Hopfenbuche eine auffällig weißgraue Rinde. Ihr luftiger Wuchs bietet einen lichten Schatten. Sie bevorzugt einen windgeschützten Standort. Ein Rückschnitt ist nicht notwendig.

**Boden:** sandige bis lehmige Böden
**Wurzel:** Herzwurzel
**Blütezeit:** März
**Platzbedarf:** Höhe 8 bis 10 m, Breite 6 bis 8 m

## 21. **Maulbeerbaum** – *Marus*

Die Maulbeere ist derzeit in aller Munde – und das wortwörtlich. Die getrockneten Beeren werden in Müslimischungen angeboten. Die Früchte erinnern an Brombeeren und können von Mai bis September geerntet werden. Sie sind nicht lagerfähig, daher ist ein Frischverzehr oder eine schnelle Verarbeitung notwendig.
Die Blüten des Maulbeerbaums erinnern an Weidenkätzchen. Die Blätter treiben erst spät aus und haben eine gelbe Herbstfärbung. Das Gehölz bevorzugt einen windgeschützten, sonnigen Standort. Sorten mit schwarzen und roten Früchten schmecken am aromatischsten.

**Boden:** durchlässiger und nährstoffreicher Boden
**Wurzel:** Herzwurzler
**Blütezeit:** Mai bis Juni
**Platzbedarf:** Baum: Höhe 10 bis 12 m, Breite 8 bis 10 m; Busch: 3 bis 4 m breit und hoch

## 22. **Blauraute** – *Perovskia*

Die Blauraute ist ein Hingucker im Spätsommer, und das nicht nur aufgrund ihrer bis zu 50 cm langen Blütenähren. An den filzigen, weißen Zweigen sitzen blaugraue, aromatisch duftende Blätter. Die Blauraute bietet als Nektar- und Pollenpflanze vielen Insekten Nahrung. Sie ist ein Halbstrauch, den man im Frühling handbreit über dem Boden abschneiden sollte. Dann treibt er wieder im buschigen Wuchs aus.

Die Perovskia sät sich nicht von allein aus, lässt sich aber sehr gut über eine Stockteilung vermehren. Sie bevorzugt nährstoffarme, sandige bis steinige Böden. Ist der Boden zu reich an Nährstoffen, wächst sie eher flach und in die Breite.

**Blütezeit:** August bis September
**Blütenfarbe:** verschiedene Blautöne
**Standort:** Sonne bis Halbschatten
**Wuchshöhe:** 50 bis 150 cm

### Weitere klimafitte Sträucher für den Hausgarten

23. Blasenspiere – *Physocarpus*
24. Fünffingerstrauch – *Potentilla*
25. Kornelkirsche –*Cornus mas*
26. Essigbaum – *Rhus*
27. Holunder – *Sambucus*
28. Sibirische Vogelbeere – *Sorbus*
29. Steinweichsel – *Prunus mahaleb*
30. Schlehdorn – *Prunus spinosa*
31. Hundsrose – *Rosa canina*
32. Mönchspfeffer – *Vitex*
33. Zierkirsche – *Prunus*

4 Kornelkirsche

1 Mönchspfeffer

2 Essigbaum

3 Fünffingerstrauch

# Kletterpflanzen

Kletterpflanzen sind ein Gestaltungselement im Garten, da sie in die Höhe wachsen. Es gibt einjährige und mehrjährige Pflanzen. Wir schauen uns nur die Mehrjährigen genauer an, da diese wesentlich besser mit Trockenheit zurechtkommen.

Es gibt immergrüne Kletterpflanzen und solche, die mit einer tollen Herbstlaubfärbung oder mit einer ergiebigen Blütenpracht aufwarten. Alle haben gemeinsam, dass sie am Fuße der Pflanze nur sehr wenig Platz brauchen. Manche möchten ihren Fuß beschattet haben, andere dulden keine Konkurrenz.

Kletterpflanzen werden unterschieden in Klimmer oder Schlinger:

- Klimmer haben ausgeprägte Haftwurzeln, mit denen sie sich an Fassaden oder Bäumen festhalten. Oft werden Klimmer beschuldigt, ganze Fassaden hinunterzureißen. Solange eine Fassade intakt ist und keine Risse aufweist, wird sie durch die Haftwurzeln auch nicht beschädigt. Wenn man einen Klimmer entfernen will, gelingt dies meistens nicht rückstandslos. Die Haftwurzeln bleiben an der Mauer kleben, verwittern aber mit der Zeit.
- Schlinger brauchen ein Gerüst oder eine Rankhilfe, an der sie sich hoch schlingen. Manche Schlingpflanzen werden so kräftig, dass sie sogar Dachrinnen verbiegen können.

## 34. Efeu – *Hedera*

Efeu ist ein immergrüner Klimmer. Die Blätter sind tief dunkelgrün, gelb umrandet oder grün-weiß. Er bildet eine dichte Begrünung, schätzt aber weder weiße noch sehr helle Fassaden. Efeu blüht frühestens nach zehn Jahren mit sehr unscheinbaren, kleinen Blüten. Diese sind noch spät im Jahr ein Insektenmagnet und in Kränzen und Gestecken wunderhübsch anzusehen.

Efeu breitet sich rasch aus und ist für einen Sichtschutz gut geeignet. Durch den schnellen Wuchs fallen aber auch jährliche Schnittmaßnahmen an. Seine Haftwurzeln bleiben an Zäunen oder Mauern sichtbar, wenn man die Ranken entfernt.

**Mein Tipp**: Ich rate davon ab, Efeu als Bodendecker zu verwenden. Er würde mit den Jahren einfach alles überwuchern.

**Blattfarbe:** immergrün, dunkelgrün, gelb-bunt
**Standort:** Sonne bis Schatten

## 35. **Waldreben** – *Clematis*

Die Clematis ist eine zarte Kletterpflanze. Sie schlingt sich an Zäunen und Gerüsten hinauf. Es gibt die Wildformen mit blauen, weißen und gelben Blüten sowie die großblumigen Gartenzüchtungen in allen möglichen Farben. Waldreben lieben den Halbschatten. Der Fuß sollte beschattet sein – dazu eignet sich zum Beispiel eine Unterpflanzung aus Frauenmantel oder Bergenie. Achten Sie beim Kauf einer Clematis auf die Winterhärte. Manche Sorten brauchen eine zusätzliche Winterdecke aus Laub zum Schutz bei Frost. Der Rückschnitt erfolgt individuell nach Sorte.

**Blütezeit:** Mai bis August
**Blütenfarbe:** weiß, rosa, lila, blau
**Standort:** Halbschatten

## 36. **Jasmintrompete** – *Campsis*

Die Jasmintrompete erfreut sich den ganzen Sommer. Die trompetenförmigen Blüten sind leuchtend orange. Die Pflanze klettert mit ihren Haftwurzeln an jeder Mauer hinauf und das in einem raschen Tempo. Deshalb sollten Sie sie nur an Stellen pflanzen, wo auch genug Platz für ihre Wuchsfreudigkeit ist. Wenn Sie die Trompetenblume als lebendes Blätterdach einer Gartenlaube verwenden wollen, sollten Sie auf eine stabile Ausführung achten, da die Pflanze mit den Jahren an Gewicht zulegt. Einen Rückschnitt verträgt sie am besten im Frühling vor dem Austrieb.

**Blütezeit:** Juni bis September
**Blütenfarbe:** hellgelb, orangerot
**Standort:** Sonne

**Mein Tipp:** Die Jasmintrompete samt sich gerne aus. Pflücken Sie die langen, herabhängenden Fruchtschoten ab, bevor sie aufplatzen.

## 37. Kletterhortensie – *Hydrangea*

Die Kletterhortensie mit ihren schwebenden, weißen, tellergroßen Dolden ist ein Blickfang in jedem Garten. Auch die verblühten Dolden sind im winterlichen Garten sehr hübsch anzusehen. Sie wächst langsam. Wenn sie keine Möglichkeit hat, sich mit ihren Haftwurzeln festzuhalten, bleibt sie ein kleiner Strauch von etwa 1,5 m Höhe.

Die Kletterhortensie bekommt im Herbst leuchtend gelbe Blätter, die oft bis zum Frühling an den Trieben verbleiben. Im Halbschatten gedeiht sie schöner als in der prallen Sonne. Ihr Fuß muss im Winter gut gemulcht werden, um Frostschäden vorzubeugen.

**Blütezeit:** Juli
**Blütenfarbe:** weiß
**Standort:** halbschattig bis schattig

## 38. Schlingendes Geißblatt – *Lonicera*

Wer wünscht sich das nicht: Eine grüne, duftende Wand, die den ganzen Sommer Blüten hervorbringt. Das Geißblatt gibt es mit unterschiedlichen Blütenfarben. Die Sorte mit weißen Blüten ändert beim Verblühen die Farbe von weiß zu gelb. Bei duftenden Züchtungen erfüllt der Duft, der an eine mediterrane Sommerpromenade erinnert, den ganzen Garten, vor allem nachts.

Das Geißblatt ist eine Schlingpflanze und benötigt für die Triebe eine Schlinghilfe. Es ist gut schnittverträglich, schmal im Wuchs und immergrün.

**Mein Tipp:** Die schlingenden Triebe verholzen mit der Zeit. Sie können viel Gewicht bekommen und auch Rankhilfen aus Metall verbiegen – also auf eine stabile Unterlage achten.

**Blütezeit:** Juni bis September
**Blütenfarbe:** gelb, weiß, rot-orange, bunt
**Standort:** sonnig bis schattig (dann weniger Blüten)

## 39. **Wilder Wein** – *Parthenocissus quinquefolia*

Der wilde Wein besticht durch seine blutrote Herbstfärbung und die schwarzblauen Beeren. Sie sind für uns ungenießbar, dienen den Vögeln aber im Winter als Nahrung. Wilder Wein hat einen ausgeprägten Wuchs, braucht aber ein Rankgerüst oder einen Baum als Unterstützung. Den Wilden Wein und die Mauerkatze (nächste Seite) kann man durch die Blattform unterscheiden. Wilder Wein hat ein 5-fingriges Blatt, die Mauerkatze hat dagegen Blätter mit drei spitz zulaufenden Zacken. Warum ist die Unterscheidung so wichtig? Die Mauerkatze besitzt starke Haftscheiben, die jedes Mauerwerk bis in schwindelnde Höhen in ein Blättergewand einpacken. Wilder Wein hat keine Haftscheiben, sondern sucht sich mit seinen rankenden Trieben Anhaltspunkte.

**Blütezeit:** Juli bis August
**Blütenfarbe:** unscheinbar, aber Insektennahrung
**Standort:** sonnig bis schattig

**Tipp**: Mit den Trieben des Wilden Weins kann man hervorragend Kränze und Kugeln binden.

## 40. **Mauerkatze** – *Parthenocissus tricuspidata*

Die Mauerkatze sieht dem Wilden Wein zum Verwechseln ähnlich, nur die Rankeigenschaften sind gänzlich unterschiedlich. Die Mauerkatze erobert alle Mauern und Hauswände im Sturm. Die Haftscheiben sind nicht mehr rückstandslos von Mauern zu entfernen, verwittern aber mit der Zeit. Ihre Blüte lockt Insekten an. Die leuchtend rote Herbstfärbung ist beeindruckend.

Die Mauerkatze wird gerne als Fassendbegrünung im städtischen Wohnbau verwendet. Durch die etwa 20 cm langen Stiele stehen die Blätter ab und bieten eine natürliche Beschattung der Fassade, die sich dadurch nicht von der Sonne aufheizen kann.

**Blütezeit:** Juli bis August
**Blütenfarbe:** unscheinbar, aber Insektennahrung
**Standort:** sonnig bis schattig

# Stauden

Stauden sind krautige Pflanzen, die mehrjährig wachsen. Von den meisten Stauden sieht man in ihrer Vegetationsruhe oberirdisch nichts Grünes mehr. Sie sind aber winterhart und treiben jedes Jahr aus ihrem Wurzelstock wieder aus. Durch diese Beständigkeit und ein weit ausgedehntes Wurzelsystem können sie Trockenperioden gut überdauern.

Ein Rückschnitt im Frühjahr, bevor die Pflanzen frisch austreiben, genügt. Bei manchen Blütenstauden regt ein Rückschnitt im Sommer bzw. das Abschneiden verblühter Pflanzenteile eine zweite späte Blüte an.
Auch viele der uns bekannten Kräuter und Wildkräuter gehören zu den Stauden.

Für jeden Gartenplatz und jede Bodenart gibt es die richtige Staude. Sie können unter einer großen Auswahl an Blüten- und Blattfarben, Blattformen und Höhen wählen. Wieder gibt es viele Fragen, deren Beantwortung Ihnen die Entscheidung erleichtern kann.

Wo wird das Staudenbeet angelegt?

- ✓ an einer Wand
- ✓ an einem Zaun
- ✓ an einem Holzstoß
- ✓ vor einer Hecke
- ✓ unter Bäumen
- ✓ als Sichtachse mitten im Garten

Wie lange scheint die Sonne auf das Beet?

- ✓ den ganzen Tag (vollsonnig)
- ✓ den halben Tag (halbschattig)
- ✓ kaum direkte Sonne (schattig)

Wahrscheinlich die schwierigste Frage: Wie soll das Beet aussehen?

Ich liste ein paar (von hunderten Möglichkeiten) auf:

- ✓ ein buntes, farbenfrohes Blütenmeer
- ✓ nur zwei Farben kombiniert
- ✓ nur eine Farbe in verschiedenen Abstufungen
- ✓ mit einem hohen Mittelpunkt
- ✓ nur flach oder mittelhoch
- ✓ mit Miniteich
- ✓ mit Dekoelementen (großer Stein, Rankgerüst etc.)
- ✓ mit Strauch oder Bäumchen

**Mutig kombinieren**

Wenn Mangold genau die richtige Größe und Stilfarbe für das Staudenbeet hat, dann rein damit! Wenn Kräuter oder Beerensträucher genau das Richtige dafür sind, nur her damit!

Für das Auge ansprechende Gliederungsmöglichkeiten sind beispielsweise: von niedrig zu hoch – von vorne nach hinten.

- Wenn das Staudenbeet eine Mauer oder einen Zaun im Rücken hat, beginnen Sie mit flachen Bodendeckern. In der nächsten Reihe stehen die mittelhohen Stauden und in der letzten Reihe die höchsten oder die letzte Reihe wird von Sträuchern besetzt.
  Pflanzbeispiel: Quendel (bis 10 cm hoch) – Frauenmantel (ca. 25 cm hoch) – Pfingstrose und Sonnenhut (über 40 cm hoch)
- Wenn man das Staudenbeet von allen Seiten einsehen und bewundern kann, bietet sich ein hoher Mittelpunkt an.
- Pflanzbeispiel: zentral Kugelginko – Strauchclematis (ca. 50 bis 80 cm hoch) – Kugeldistel (bis 80 cm hoch) – Purpurglöckchen (ca. 40 cm hoch) – Küchenschelle (bis 20 cm hoch)

Bei diesem Beispiel überzeugen auch die unterschiedlichen Blattformen und Blattfarben.

Sie sehen schon, es ist eine weite Welt, in die man eintauchen kann. Im Folgenden stelle ich Ihnen bodendeckende und hohe Blütenstauden vor. Wunderbar kombinieren kann man diese mit Gräsern. Und Sie wissen ja: Wie vieles im Garten bleibt auch im Staudenbeet nichts für die Ewigkeit. Sie können neue Ideen leicht umsetzen, im wahrsten Sinne des Wortes.

# Bodendeckende Blütenstauden

## 41. Elfenblume – *Epimedium*

Die Elfenblume besticht durch ihre Blätter. Diese gibt es in einer Vielzahl von Farben: hellgrüne Blätter mit roten Blattadern und hellgelben, zarten Blüten, dunkelgrün-bläuliche Blätter mit lila Blüten oder hellgrüne Blätter mit violetten Blüten. Das Besondere an der Elfenblume ist, dass sie Laub "frisst". Durch die auf langen, dünnen Stielen schwebenden Blätter kann herabfallendes Laub einfach hindurchfallen. Der Wind kann das Laub nicht mehr wegblasen und so wird eine hervorragende Mulchschicht gebildet.

Die Elfenblume ist also eine schlaue kleine Gärtnerin. Unter Bäumen oder Sträuchern im Halbschatten bis Schatten gedeiht sie am schönsten.

**Blütezeit:** Juni bis Juli
**Blütenfarbe:** gelb, lila, violett
**Standort:** Halbschatten, Schatten
**Wuchshöhe:** 25 bis 30 cm
**Pflanzweite:** 12 Stk./ m²

## 42. Frauenmantel – *Alchemilla mollis*

Eine sehr vielseitige Verwendung im Garten bietet der Frauenmantel. Er ist ein hübscher Bodendecker und bildet einen hellen, grün-gelben Blütenteppich. Für Blumensträuße, ob frisch oder trocken, eignet er sich hervorragend als Füllmaterial. Die zarten Blüten sind eine wundervolle essbare Dekoration auf Süßspeisen. In der Naturheilkunde gilt Frauenmantel als ein Frauenkraut – ein Tee lindert PMS-Beschwerden. Die hübschen Blattrosetten des Frauenmantels, die oft von kleinen Tautropfen geziert werden, treiben spät im Frühling aus. Alchemilla lässt sich somit gut mit kleinen Frühlingsblühern wie wilden Tulpen oder Traubenhyazinthen kombinieren. Der Frauenmantel wird mit den Jahren ein immer größerer Stock und bietet ein dichtes Blätterdach für ein warmes Winterquartier unserer Gartennützlinge. Er macht sich auch im Naturrasen gut, ist halbwegs trittfest und verträgt die Mahd.

**Blütezeit:** Juli bis August
**Blütenfarbe:** gelbgrün
**Standort:** Sonne bis Schatten
**Wuchshöhe:** 30 cm
**Pflanzweite:** 15 Stk./ m²

## 43. **Segge** – *Carex*

Die Segge ist ein immergrünes Gras, das nicht zu hoch wird. Mit ihren dekorativen Blättern, die breit oder schmal sein können, bietet sie Abwechslung im Staudenbeet. Die Blätter sind hellgrün oder blaugrün mit weißen oder gelben Rändern.

Die Carex braucht keinen Rückschnitt – eventuell zupft man im Frühling braun gewordene Blätter aus. Im Winter sollte die Segge wie alle hohen Gräser zu einem Schopf zusammengebunden werden. So wird ihre Mitte vor tiefen Frosttemperaturen geschützt. Die Blüten sind unscheinbar.

## 44. **Steinkraut** – *Alyssum*

Das Steinkraut mit seinen leuchtenden Blütenpolstern ist die richtige Wahl für Mauerritzen und steinige Wegränder. Es mag gut durchlässigen Boden. Die Ästchen sind zunächst aufrecht, später legen sie sich nieder und breiten sich aus. Sie hängen gerne über Mauern.

Steinkraut ist auch zur Beeteinfassung und zum Begrünen von Dächern gut geeignet. Es bildet mit der Zeit große, flache, graulaubige Polster. Zur Blütezeit im Mai lockt es mit seinem süßen Duft viele Insekten an. Im Winter behält es seine Blätter.

**Blütezeit:** Mai
**Blütenfarbe:** weiß, rosa, hellgelb, lila oder violett
**Standort:** Sonne bis Halbschatten

## 45. **Immergrünes Johanniskraut –** *Hypericum calycinum*

Das immergrüne Johanniskraut besticht durch seine großen gelben Blüten, die den ganzen Sommer über blühen. Es ist ein robuster Bodendecker, der sich gerne ausbreitet und im Staudenbeet den (Farb-) Ton angibt. Seine dunkelgrünen Blätter bleiben ganzjährig grün.

**Blütezeit:** Juli bis Oktober
**Blütenfarbe:** leuchtend gelb
**Standort:** Sonne bis Halbschatten
**Wuchshöhe:** 30 cm
**Pflanzweite:** 12 Stk./ m²

## 46. **Storchschnabel –** *Geranium*

Der Storchschnabel ist ein dichter Bodendecker mit rundlich gelappten Blättern. Seine zarten Blüten, die es in vielen Farben gibt, schweben über den mittelgrünen Blättern. Die langen Fruchtstände erinnern an die Schnäbel von Störchen. Die Staude breitet sich gerne durch Wurzelausläufer aus und kann ebenso leicht geteilt wie eingedämmt werden. Sie mag keine stauende Nässe, daher sollte der Boden gut durchlässig sein.

**Blütezeit:** Mai bis Juni
**Blütenfarbe:** rosa, blau, weiß oder lila
**Standort:** Halbschatten bis Schatten
**Wuchshöhe:** 20 bis 40 cm
**Pflanzweite:** 10 Stk./ m²

## 47. Goldnessel – *Lamiastrum galeobdolon*

Ihre Blätter ähneln denen der Brennnessel, doch die Goldnessel oder gelbe Taubnessel hat keine Brennhaare. Die gelben Blüten sind in Schattenbeeten ein Hingucker und eine Nahrungsquelle für Bienen und Schmetterlinge. Die herzförmigen Blätter haben eine der interessantesten Färbungen. Die silbrig-weißen Blattflecken, die durch die Abhebung der Blattoberhaut vom Blattgewebe zustande kommen, sind auch noch im Winter grün. Wenn die Wuchsfreudigkeit nachlässt, hilft es, den Stock zu teilen. Die Goldnessel liebt Laubkompost und ist daher unter Sträuchern und Bäumen gut aufgehoben. Aber Achtung, sobald sie sich wohlfühlt, breitet sie sich sehr gerne mittels oberirdischer Wurzelausläufer aus und verdrängt schwächere Stauden.

**Blütezeit:** April bis Juli
**Blütenfarbe:** gelb
**Standort:** Halbschatten bis Schatten
**Wuchshöhe:** bis 60 cm
**Pflanzweite:** 8 Stk./ m²

## 48. Katzenminze – *Nepeta*

Die Katzenminze gehört zu den Duftpflanzen im Staudenbeet. Sie hat ausgeprägte, schmale Blütenstände in Blau- und Lilatönen und bietet eine Vielfalt an Blattfarben: von saftig Grün bis Graugrün, wobei die graulaubigen Stauden die Hitze noch besser vertragen. Es gibt unterschiedlich hohe Sorten, von Bodendeckern bis zu höheren Arten, die ähnlich wie Lavendel eingesetzt werden können, zum Beispiel für Beeteinfassungen. Wenn nach ein paar Jahren die Blütenfülle nachlässt, hilft eine Stockteilung.

Die Katzenminze zieht auch gerne Stubentiger an. Sie wälzen sich im Stock, der dadurch manchmal in Mitleidenschaft gerät. Es gibt auch Katzenminze mit zitronigem Duft – der soll bei Katzen nicht so gut ankommen.

**Blütezeit:** Mai bis September
**Blütenfarbe:** tiefblau, hellblau, blasslila bis rosa
**Standort:** sonnig bis luftiger Schatten
**Wuchshöhe:** bis 60 cm
**Pflanzweite:** 10 Stk./ m²

## 49. **Teppichfetthenne** – *Sedum spurium*

Die Fetthenne wird nicht nur als hohe Staude, die im Spätsommer und Herbst blüht, sondern auch als Bodendecker angeboten. Vielleicht kennen Sie die gelb blühende Sorte auch unter dem Namen Mauerpfeffer. Ihre kleinen, fleischigen Blätter bilden einen dichten Bodendecker, der sich langsam ausbreitet. Sie vermehrt sich über kriechende Triebe, die dann wieder einwurzeln. Gut durchlässige Böden und Steinmauern bieten ihr den optimalen Standort. Auch auf dem Gründach ist sie eine beständige Pflanze. Ihre Blätter sind immergrün.

**Blütezeit:** Juni bis August
**Blütenfarbe:** rosa, weiß, rot, gelb
**Standort:** volle Sonne
**Wuchshöhe:** bis 15 cm
**Pflanzweite:** 12 Stk./ $m^2$

## 50. **Schafgarbe** – *Achillea*

Die Schafgarbe ist ein bekanntes Wildkraut, dass seinen Einsatz in der Naturheilkunde findet und in der Küche als Würzkraut eingesetzt wird. Außerdem gilt es als Bienenweide. Gezüchtete Arten der Schafgarbe haben große, runde Blütendolden. Ihre unscheinbaren, fein gefiederten Blätter sind graugrün, leicht behaart und duften aromatisch herb. Bei der Schafgarbe zahlt sich ein Rückschnitt nach der ersten Blüte aus. Sie dankt es mit einer späten zweiten Blüte bis in den Winter hinein. Die bunten, gezüchteten Arten haben eine Lebensdauer von ca. fünf Jahren. Wenn man alle zwei Jahre den Stock teilt, kann man sie länger erhalten. Schafgarbe eignet sich hervorragend als Schnittblume für frische und trockene Sträuße. Ihre Blütenstände sind auch noch im verblühten Zustand im winterlichen Garten schön anzusehen.

**Blütezeit:** Juli bis September
**Blütenfarbe:** weiß, rosa, rot oder gelb
**Standort:** sonnig bis halbschattig
**Wuchshöhe:** bis zu 150 cm

## 51. **Duftnessel** – *Agastache rugosa*

Auf nährstoffreichen und gut durchlässigen Böden blüht die Duftnessel in verschiedenen Blautönen. Die dicht besetzten, langen Blütenkerzen liefern den Bienen, Wildbienen, Schmetterlingen und Hummeln den ganzen Sommer über Nektar und Pollen. Die Pflanze bildet kompakte Horste, die auch im Winter dekorativ im Staudenbeet stehen. Durch einen tiefen Rückschnitt (ca. 10 cm über dem Boden) nach der ersten Blüte regt man zur zweiten Blüte an, die dann bis in den Oktober andauert.
Die Duftnessel sät sich gerne selbst aus. Wer dieses vermeiden möchte, sollte nach der Blüte zur Gartenschere greifen.

**Blütezeit:** Juli bis Oktober
**Blütenfarbe:** weiß, blau
**Standort:** Sonne bis Halbschatten
**Wuchshöhe:** 30 bis 70 cm

## 52. **Zierlauch** – *Allium*

Der Zierlauch ist eine Zwiebelpflanze mit prachtvollen Blütenkugeln, die je nach Sorte und Bodenfeuchtigkeit riesengroß werden können. Die Blüte beginnt im späten Frühling und dauert bis zum frühen Sommer an. Der Zierlauch hat dünne, lange, unscheinbare Blätter, die vor den meisten anderen Stauden austreiben. Wenn die Blütenkugeln erstrahlen, werden die Blätter des Zierlauchs schon von den Nachbarstauden bedeckt. Die Blätter ziehen nach der Blüte ein und treiben erst wieder im Frühling aus.

Die Zwiebel bleibt das ganze Jahr in der Erde. Durch die Vermehrung über Tochterzwiebeln entstehen im Staudenbeet lockere Gruppen des Zierlauchs. Die Kugeln bleiben auch im verblühten Zustand sehr lange eine schöne Dekoration. Es gibt auch niedrige Sorten für den Steingarten.

**Blütezeit:** Mai bis Juli
**Blütenfarbe:** lila, violett, gelb, weiß und creme
**Standort:** sonnig

## 53. **Felsenmargerite** – *Anacyclus*

Die Felsenmagerite, auch Ringkörbchen genannt, ist eine Pflanze für steinige, gut durchlässige Böden. In der vollen Sonne blüht sie fast den ganzen Sommer. Die pflegeleichte Polsterstaude erinnert an Margeriten. Die Besonderheit der Blüten besteht darin, dass die Oberseite des Blütenblatts eine andere Farbe hat als die Unterseite. Im geschlossenen Zustand leuchten die Blütenköpfchen in einem dunklen Pink, was einen tollen Kontrast zum strahlenden weiß der geöffneten Blüten bildet.

Die Blütenköpfchen der Felsenmargerite sind Wetteranzeiger. Bei Regen und am Abend schließen sie sich. Die Felsenmargerite breitet ihre Polster in allen Richtungen aus, daher ist ein Rückschnitt nach der Blüte manchmal notwendig.

**Blütezeit:** Mai bis September
**Blütenfarbe:** weiß
**Standort:** Sonne

## 54. **Akelei** – *Aquilegia*

Die Akelei besticht durch die Anmut ihrer Blüten, die hoch über den Blättern schweben. In vielen Farben blüht sie im Frühsommer nach den Frühlingszwiebeln, aber vor den Sommerblühern. Ihre auffällige Blattform und die blaugrüne Blattfarbe bringen Abwechslung ins Staudenbeet. Die Blüten ragen an dünnen Stilen bis zu 60 cm in die Höhe. Sie sind oft zweifarbig, z. B. innen weiß und außen blau, tief dunkelblau und gefüllt oder ungefüllt in Pastelltönen. Es gibt niedrigere Sorten bis etwa 20 cm Höhe und die groß wachsenden Sorten mit bis zu 80 cm Höhe. Die Akelei samt sich leicht selbst aus. Wer das vermeiden möchte, muss die verblühten Samenstände möglichst rigoros abschneiden oder die Samen rechtzeitig sammeln. Aufgrund der vielfältigen Farbgebung sind die Samen ein beliebtes Tauschmittel bei Gärtnern. Auch in der Vase als Schnittblume kann die Akelei gut verwendet werden.

**Blütezeit:** Mai bis Juni
**Blütenfarbe:** alle Farbvarianten
**Standort:** Sonne bis Halbschatten

## 55. **Silberraute** – *Artemisia*

Die Silberraute ist die kultivierte Schwester des wilden Beifußes. Durch ihre silbrig behaarten Blätter hält sie Hitze besonders gut aus. Sie mag sandige, gut durchlässige und nährstoffarme Böden. Daher passt sie gut zu Kräutern mit ähnlichen Ansprüchen wie Dost, Thymian oder Bohnenkraut. Als Hausmittel wird sie bei Magenverstimmungen verwendet.

Durch ihr silbriges Laub kommen im Staudenbeet benachbarte Blütenfarben besonders gut zur Geltung. Sie selbst bringt kleine, knopfartige, gelbe Blüten hervor. Die Artemisia verströmt einen zartherben Duft. Sie wird erst im Frühling nach dem letzten Frost zurückgeschnitten.

**Blütezeit:** Juli bis August
**Blütenfarbe:** gelb
**Standort:** Sonne

## 56. **Sternblume** – *Aster*

Astern gibt es in unendlich vielen Farben und Höhen. Angeboten wird sie als Polsteraster mit nur 20 cm Wuchshöhe, aber auch groß und buschig mit 120 cm Höhe. Diese Sorten fallen gerne auseinander und müssen deshalb gestützt werden.

Die Aster ist eine typische Staude für den Herbst. Sie ist im Sommer unscheinbar und entfaltet erst ab September ihre kleinen, sternförmigen Blütenköpfchen. Die verblühten Astern lässt man bis zum Frühjahr stehen. Um die Blühfreudigkeit über die Jahre zu erhalten, ist eine Stockteilung im Frühjahr alle paar Jahre sinnvoll.

**Blütezeit:** September bis November
**Blütenfarbe:** weiß, rosa, lila, blau
**Standort:** Sonne bis Halbschatten
**Wuchshöhe:** 20 bis zu 120 cm

**Mein Tipp**: Die Aster bekommt gerne Mehltau (Blätter sind mit weißem „Mehl" überzogen). Diese Pflanzenteile bitte im Restmüll entsorgen. Nur die gesunden, abgestorbenen Teile dürfen auf den Kompost.

## 57. **Riesensteinbrech** – *Bergenia*

Der Riesen-Steinbrech ist eine typische „Oma-Blume", die früher in jedem Vorgarten zu finden war. Seine saftig dunkelgrünen, großen Blätter decken hervorragend den Boden ab, sodass wenig Beikräuter aufkommen können. Die Wintergrüne Staude stellt keine besonderen Ansprüche an den Boden, freut sich aber über eine Kompostgabe. Ein Standort in der Sonne ergibt eine deutlich reichere Blüte. Die kleinen Einzelblüten sitzen in Dolden an langen Stielen und blühen gleichzeitig mit den Tulpen.

**Blütezeit:** März bis Mai
**Blütenfarbe:** weiß, rosa, purpur
**Standort:** Sonne bis Schatten
**Wuchshöhe:** 25 bis 40 cm

## 58. **Steinquendel** – *Calamintha*

Der Steinquendel ist eine buschige Staude mit kriechenden Wurzeln. Er breitet sich zu blühenden Flächen aus. Mit seinen aromatisch duftenden Blüten bietet er eine Nahrungsquelle für unsere Gartennützlinge. Die kleinen Blättchen sind weiß behaart und riechen beim Zerreiben nach Minze.

Steinquendel steht gerne auf trockenen, durchlässigen, nährstoffarmen Böden und bietet sich auch für Steinmauern gut an. Er samt sehr gerne selbst aus. Nach der Blüte ist ein tiefer Rückschnitt sinnvoll. Er neigt dazu, von innen zu verkahlen (auf den holzigen Trieben bilden sich keine Blätter und neue Triebe mehr).

**Blütezeit:** Juli bis Oktober
**Blütenfarbe:** weiß bis violett
**Standort:** volle Sonne
**Wuchshöhe:** bis zu 50 cm

## 59. **Glockenblume** – *Campanula*

Die entzückende Glockenblume ist vielseitig im Garten zu verwenden. Es gibt sie in höheren Arten, die gut als Schnittblumen geeignet sind. Die niedrigen Arten bezaubern in Fugen oder in der ersten Reihe im Staudenbeet. Man findet sie manchmal auch als Wildblume in der Wiese. Sie mag einen nährstoffreichen, durchlässigen Boden und verträgt Sonne bis Halbschatten. Glockenblumen zählen zu den Bienenweiden.

**Blütezeit:** Juni bis August
**Blütenfarbe:** weiß, blau und violett
**Standort:** Sonne bis Halbschatten
**Wuchshöhe:** 20 bis 80 cm

## 60. **Spornblume** – *Centranthus*

In Weiß und Altrosa überzeugt die Spornblume mit ihren leuchtenden Blüten den ganzen Sommer über. Ihre Blühfreudigkeit wird mit einem Rückschnitt nach der ersten Blüte erhalten. Da sie mit dem Baldrian verwandt ist, könnten Katzen an ihr Gefallen finden. Diese wälzen sich dann so über die Staude, dass dabei die jungen Triebe immer wieder abbrechen.

Spornblumen brauchen sandig-humosen Boden. Sie blühen am schönsten in voller Sonne bis in leichtem Schatten. Durch ihre Vermehrungsfreudigkeit bilden sich mit den Jahren Blütengruppen.

**Blütezeit:** Juni bis September
**Blütenfarbe:** weiß, altrosa
**Standort:** Sonne
**Wuchshöhe:** 50 bis 70 cm

**Mein Tipp:** Die Spornblume sät sich gerne selbst aus. Wenn das nicht gewünscht ist, die Samenstände rechtzeitig abschneiden.

## 61. **Flockenblume** – *Centaurea*

Die Flockenblume wirkt auf den ersten Blick wie eine zu groß geratene Kornblume. Sie blüht schon Anfang Mai und bis in den Sommer hinein. Die großen Blütenkörbchen eignen sich gut als Schnittblumen in der Vase. Mittlerweile gibt es die Flockenblume nicht nur mit blauen Blüten, sondern auch mit weißen oder gelben. Ein nährstoffreicher Boden wird ihren Ansprüchen gerecht. Die mittelgrünen Blätter sind leicht pelzig und eher unscheinbar im Staudenbeet. Die Flockenblume ist anfällig für falschen Mehltau. Wenn die Pflanze zurückgeschnitten wird, treibt sie wieder gesund aus.

**Blütezeit:** Mai bis Juli
**Blütenfarbe:** weiß, gelb, violett
**Standort:** Sonne, Halbschatten, Schatten
**Wuchshöhe:** 40 bis 100 cm

## 62. **Staudenwaldrebe** – *Clematis heracleifolia*

Eine eher unbekannte Schönheit ist die Staudenwaldrebe, eine heimische Wildpflanze. Sie gedeiht im Halbschatten am besten. Ihre langen Blütenstiele sind mit dunkel- oder hellblauen Blütenglocken besetzt, die ein Nektar- und Pollenlieferant für Insekten sind. Die Staudenwaldrebe hat große, dunkelgrüne Blätter, die den Boden gut bedecken. Ihre Samenstände sind flauschige Köpfchen, die sich gut in Gestecken machen. Es sollte auf eine gute Nährstoffversorgung und einen durchlässigen Boden geachtet werden.

Die Staudenwaldrebe ist als Unterpflanzung für Kugelbäumchen oder Sträucher mit hängenden Ästen geeignet und deshalb besonders schön in Kombination mit wilden Rosen.

**Blütezeit:** Juni bis September
**Blütenfarbe:** Blautöne
**Standort:** Halbschatten
**Wuchshöhe:** 40 bis 100 cm

## 63. **Nelke** – *Dianthus*

Die Nelke kennt jeder als langlebige Schnittblume, aber auch im Garten entzückt sie mit einer langen Blütezeit. Es gibt sie hochwachsend oder polsterbildend. Nelken gedeihen am besten auf sandigen, nährstoffarmen Standorten. Aufgrund ihrer tiefen Hauptwurzel und der grasartigen Blätter, die mit einer Wachsschicht überzogen sind, vertragen sie volle Sonne.

Durch einen regelmäßigen Schnitt der verblühten Köpfe entsteht mehr Platz für die folgenden neuen Blüten. Praktisch an der Nelke ist, dass sie sich nicht über Samenstände selbst aussät. Mit zarten Gräsern als Nachbarpflanzen kommt sie im Staudenbeet am besten zur Geltung.

**Blütezeit:** Ende Mai bis September
**Blütenfarbe:** alle Farben außer blau
**Standort:** Sonne
**Boden:** sandig, durchlässig, nährstoffarm
**Wuchshöhe:** 10 bis 40 cm

## 64. **Diptam** – *Dictamnus*

Der ‚Brennende Busch' ist eine beeindruckende Staudenpflanze. Er ist genügsam in der Standortauswahl und braucht einen sandigen, nährstoffarmen und durchlässigen Boden. Sonne bis Halbschatten verträgt er gut. Die Blütenknospen in Rosatönen erscheinen von Juni bis Juli und duften angenehm. Die Blüten sind farbig geädert und erhalten dadurch ein besonderes Erscheinungsbild. Mit seinem Duft nach Zitrone und Vanille lockt er viele Insekten an.

Durch seine Höhe von 60 bis 120 cm ist der Diptam für die hinteren Reihen im Staudenbeet geeignet. Früher noch als Heilpflanze verwendet, wird er jetzt als giftig eingestuft. Achtung bei empfindlicher Haut – durch Berührung der Blätter können Hautreizungen entstehen.

**Blütezeit:** Juni bis Juli
**Blütenfarbe:** viele Rosatöne
**Standort:** Sonne
**Boden:** sandig, durchlässig, nährstoffarm
**Wuchshöhe:** 60 bis 120 cm

## 65. **Sonnenhut** – *Echinacea*

Der Sonnenhut ist wohl vielen ein Begriff durch die Anwendung als Naturheilmittel zur Immunstärkung. Früher war er ein fester Bestandteil in jedem Bauerngarten, nun zieht er auch in den Stadtgarten ein. Seine pelzigen Stiele und Blätter sind unempfindlich gegen Sommerhitze. Die großen, dunkelrosa Blütenköpfe sitzen auf bis zu 90 cm langen Stängeln. Es gibt den Sonnenhut auch mit weißen Blüten – dieser ist aber nicht so beständig und treibt in den folgenden Jahren oft wieder in Rosa aus. Die Blüten des Sonnenhuts ziehen Bienen und Hummeln an. Im Winter holen sich gerne Stieglitze und Buchfinken die Samen. Außerdem sind die Samenstände über den Winter sehr dekorativ im Staudenbeet. Sonnenhut samt sich gerne aus, ist aber leicht im Zaum zu halten, wenn man die jungen Pflänzchen rechtzeitig auszupft.

**Blütezeit:** Juli bis Oktober
**Blütenfarbe:** rosa, orange, rot, weiß
**Standort:** Sonne
**Boden:** nährstoffreich, auch für schwere Böden
**Wuchshöhe:** 50 bis 90 cm

**Tipp:** Sonnenhut eignet sich sehr gut als Schnittblume und für Trockensträuße.

## 66. **Kugeldistel** – *Echinops*

Die Kugeldistel ist nicht die pflegeleichteste Pflanze, da sie nur mit Handschuhen anzugreifen ist. Mit ihren matten, grün-bläulichen Blättern, die auf der Unterseite filzig überzogen sind, ist sie ein Farbtupfer im Staudenbeet. Sie blüht von Juli bis September mit bis zu 4 cm großen Kugeln und verträgt sonnige bis halbschattige Plätze. Sie ist nicht nur für Bienen und Hummeln eine Nahrungsquelle, sondern auch für Schmetterlinge. Nur bei Schnecken steht sie zum Glück nicht auf dem Speiseplan. Sie samt sich gerne selbst aus, daher dient der Schnitt für die Vase, ob frisch oder trocken, gleich als notwendiger Rückschnitt.

**Blütezeit:** Juni bis August
**Blütenfarbe:** silberblau
**Boden:** nährstoffreich, durchlässig, humos
**Standort:** Sonne bis Halbschatten
**Wuchshöhe:** 80 bis 100 cm, Breite 60 bis 80 cm

**Tipp:** Die Kugeldistel ist hübsch in Blumensträußen und lässt sich zudem auch sehr gut trocknen. Wenn man sie für Trockensträuße verwenden möchte, sollte man sie vor dem Aufblühen schon zum Trocknen aufhängen.

## 67. **Wolfsmilch** – *Euphorbia*

Von der Wolfsmilch gibt es verschiedene Arten, die sich in Höhe und Wuchs beträchtlich unterscheiden. Grundsätzlich haben alle Arten verdickte, fleischige Blätter und Stiele, die Wasser gut speichern. Die etwas unscheinbaren, gelbgrünen Blüten sind eigentlich nur Hoch- und Hüllblätter. Diese blühen den ganzen Sommer über. Die Ansprüche an den Boden sind gering. Die Walzen-Wolfsmilch hat ein gräuliches Blatt, ist immergrün und breitet sich stark aus. Wie bei allen Wolfsmilcharten tritt auch bei ihr ein hautreizender Saft aus, wenn man sie abknickt oder abschneidet. Ihre kugeligen Kapselfrüchte sind unscheinbar. In manchen Gärten samt sie sich sehr gerne von selbst aus, dann muss man die Kapsel rechtzeitig abschneiden. Trockene, kalkhaltige Böden, die gut wasserdurchlässig sind, mag sie besonders gerne. Mit ihrer ungewöhnlichen Blattfarbe und Blattstruktur bildet sie einen guten Kontrast zu großblättrigen Stauden.

**Blütezeit:** April bis Juni
**Blütenfarbe:** gelb-grünlich
**Boden:** wasserdurchlässig, sandig
**Standort:** Sonne
**Wuchshöhe:** 25 bis 40 cm

Die Prachtkerze ist noch gar nicht so lange in unseren Gärten etabliert. Mit ihren zahlreichen Blüten, die den langen Stiel säumen, ist sie eine dauerblühende Sommerstaude. Sie kommt gut zurecht mit sehr kargen Bodenverhältnissen. Ihre Blütenfarben sind Weiß bis rosa oder dunkelrot. Die zarten Blätter fallen im Staudenbeet nicht sehr auf, dafür ihre überhängenden Blütenstiele umso mehr. Jede Einzelblüte öffnet sich nur für einen Tag, die ganze Pflanze aber blüht von Juli bis zum ersten Frost.

Wenn es ihr an einem Standort gefällt, kann die Gaura bis zu einem Meter hoch werden. Sie verträgt die volle Sonne ausgezeichnet. Je schwerer und nasser der Boden über den Winter, desto schlechter kann sie überwintern.

Die Gaura samt sich sehr gerne selbst aus. Das ist aber kein Problem, denn mit ihrem schmalen Wuchs fügt sie sich in jedes Beet ein. Wenn man unerwünschte Pflänzchen entdeckt, müssen diese bald ausgestochen werden, ansonsten wird es aufgrund der langen Wurzeln schwierig .

**Blütezeit:** Juli bis Oktober
**Blütenfarbe:** rosa, weiß, dunkelrosa
**Boden:** sandig, durchlässig, nährstoffarm
**Standort:** volle Sonne
**Wuchshöhe:** bis zu 1 m

**Mein Tipp**: Ein windgeschützter Platz ist für die langen Blütenstiele der Prachtkerze zu bevorzugen, oder man pflanzt sie zwischen Gräser, die ihr Windschutz bieten.

## 69. **Schneerose** – *Helleborus*

Die Schneerose ist etwas ganz Besonderes im Staudenbeet, da sie wintergrün ist. Sie wird auch Christrose oder Nieswurz genannt. Manche Sorten haben geschlitzte Blätter und hellgrüne Blüten, andere sind rotlaubig mit rosa Blüten. Das ganze Jahr über stehen ihre Blätter im Beet. Aus der Stockmitte kommen schon im Januar und Februar die Blüten hervor.

Die Schneerose gedeiht auf nährstoffreichen, aber durchlässigen Böden. Sie mag den Halbschatten und eignet sich sehr gut für die Bepflanzung unter großen, lichten Sträuchern oder Bäumen. Damit die Blütenpracht erhalten bleibt, darf man sie nicht umsetzen. Sie ist eine ausdauernde Staude, die sich leicht aussamt und in der näheren Umgebung eine Unzahl von Pflänzchen bildet. Daher sollte man die Blüten für die Vase verwenden oder die Samenstände rechtzeitig abschneiden.

Alle Pflanzenteile sind giftig!

**Blütezeit:** Januar bis April
**Blütenfarbe:** rosa, weiß, dunkelrosa (gefüllt, gesprenkelt, umrandet)
**Boden:** nährstoffreich, durchlässig
**Standort:** Halbschatten
**Wuchshöhe:** 20 bis 50 cm

Auf den ersten Blick sieht man der Taglilie ihre Robustheit gegen Trockenheit gar nicht an. Die Blüten öffnen sich immer nur für einen Tag, dafür aber zahlreich. Die Blütenfarben gehen von gelb über orange zu Rottönen. Die Blätter sind hellgrün und lanzenartig, eher unscheinbar. Die verblühten Stiele der Taglilien sind auch noch im Herbst und im Winter sehr dekorativ. Man kann sie durch einen kleinen Ruck einfach aus der Stockmitte herausziehen und als Trockenblume in der Vase aufstellen.

Taglilien brauchen sonnige bis halbschattige Standorte und einen nährstoffreichen Boden. Durch ihre Wuchshöhe eignen sie sich für die hinteren Reihen im Staudenbeet oder als Bepflanzung unter Hochstammbäumchen und Obstbäumen. Sie breiten sich langsam im Beet aus. Durch Ausgraben kann man sie gut im Zaum halten. Aufgrund ihrer hohen Standorttoleranz zählt die Taglilie gemeinsam mit den Funkien zu den langlebigsten Stauden im Garten.

**Blütezeit:** Mai bis August
**Blütenfarbe:** alles außer blau
**Boden:** durchlässig
**Standort:** Sonne, Halbschatten
**Wuchshöhe:** 60 bis 120 cm

**Mein Tipp:** Da es so viele verschiedene farbliche Ausprägungen gibt, ist eine Taglilienpflanze ein beliebtes Tauschobjekt bei Gartenbesitzern. Man kann sie ganz einfach über eine Stockteilung vermehren.

## 71. **Purpurglöckchen** – *Heuchera*

Das Purpurglöckchen bringt mit seinen unzähligen Sorten und der hübschen, weich gerundeten Blattform Vielfalt in den Garten. Das Besondere ist die Blattfärbung, die so verschieden ausgeprägt ist: Die Blätter sind dunkelrot bis fast schwarz oder hellgrün, rot umrahmt, rot mit weißen Zwischenräumen oder messinggold. Die Blüten sind beim Purpurglöckchen eher Nebensache. Auf langen dünnen Stielen, bis zu 80 cm hoch, sitzen kleine weiße, rosa oder purpurfarbene Glöckchen über den Blättern.

Das Purpurglöckchen braucht einen durchlässigen Boden und fühlt sich im Schatten am wohlsten. Es bildet keine Wurzelausläufer, sondern die Horste werden mit der Zeit immer breiter. Die Blätter der Purpurglöckchen bleiben von Nacktschnecken verschont.

**Blütezeit:** Mai bis Juli

**Blütenfarbe:** weiß, rosa, hellrot

**Boden:** durchlässig

**Standort:** Halbschatten, Schatten

**Wuchshöhe:** 20 bis 50 cm

**Mein Tipp:** Es sieht sehr hübsch aus, wenn man verschiedene Sorten der Purpurglöckchen nebeneinander unter Bäume setzt.

## 72. **Funkie** – *Hosta*

Die Funkie ist die Schattenstaude schlechthin. Oft werden ihre unterschiedlichen Blattformen und Farben, die von hellem Grün zu sattem Blaugrün reichen, teilweise auch weiß eingerahmt oder gestreift, als das Interessante an der Pflanze beschrieben. Aber ihre weißen oder blasslila lockenförmigen Blüten sind auch sehr dekorativ. Die Funkie ist standortfest und wird mit den Jahren immer schöner. Leider schmecken die jungen Blätter den Schnecken besonders gut. Erst wenn die Blätter einmal sehr groß geworden sind, werden sie von den Schnecken in Ruhe gelassen.

Für eine vielfältige Gestaltung des Staudenbeets im Schatten können die unterschiedlichen Blattfarben und Blattformen geschickt eingesetzt werden. Den großblättrigen Sorten sollte man genug Platz einräumen, damit sie andere Stauden nicht überdecken. Kleinblättrige und niedrige Arten kommen im mittleren Bereich des Staudenbeets gut zur Geltung. Einen schönen Kontrast zu den großen Blättern der Funkien bilden kleinblättrige Pflanzen, Gräser, aber auch die blaue Distel.

**Blütezeit:** Juni bis Juli
**Blütenfarbe:** weiß, blasslila
**Boden:** durchlässig
**Standort:** Schatten
**Wuchshöhe:** 35 bis 70 cm

Die Witwenblume kennen Sie vielleicht von Spaziergängen über Wiesen. Sie ist eine heimische Wildstaude mit robustem Wuchs und liefert Pollen und Nektar für Bienen. Sie besticht durch ihre lange Blütezeit. Die hübschen, hochwachsenden Blütenköpfchen blühen von Juli bis September in Purpurrot oder Lila (Wildform). Die Blätter der Witwenblume sind fein gefiedert und unscheinbar. Die Blütenköpfchen ragen bis zu 60 cm über die Blätter hinaus und setzen in einem Beet mit großblättrigen Stauden entzückende Farbakzente.

Die Knautia verträgt volle Sonne und mag gut durchlässige, sandige Böden. Ein Rückschnitt nach der ersten Blüte regt zu einer zweiten Blüte später im Sommer an. Im Alter werden die Stauden ein wenig blühmüde. Mit einer Stockteilung im Frühjahr können Sie dem entgegenwirken. Oder Sie lassen die Witwenblume sich selbst aussähen und haben somit immer neue, blühfreudige Pflanzen. Die Blüten sind hervorragend geeignet für Schnittblumensträuße.

**Blütezeit:** Juni bis September
**Blütenfarbe:** rot, lila
**Boden:** durchlässig
**Standort:** volle Sonne
**Wuchshöhe:** 50 bis 60 cm

Lavendel ist eine schöne Blütenstaude und lockt Hummeln an. Sein schmales, graues Laub bietet einen reizvollen Kontrast zu den leuchtend lila Blüten. Lavendel verträgt volle Sonne. Neben den Blüten duften auch die Blätter.

Lavendel muss man jährlich im Frühling zurückschneiden, da er sonst von innen heraus verkahlt. Die holzigen Triebe bringen dann keine Blätter mehr hervor, und er ist anfälliger für Schneebruch. Bei regelmäßigem Formschnitt eignet sich Lavendel gut als niedrige Beeteinfassung. Schneiden Sie die Staude erst nach dem letzten Frost im Frühjahr, damit sie nicht im alten Holz frieren können. Ein Rückschnitt nach der ersten Blüte fördert eine zweite Blüte im Herbst.

**Blütezeit:** Juni bis September
**Blütenfarbe:** lila, weiß, hellblau, blauviolett
**Boden:** sandig, nährstoffarm
**Standort:** volle Sonne
**Wuchshöhe:** 25 bis 50 cm

**Mein Tipp**: Die aromatisch duftenden Blüten und Blätter sind vielseitig einsetzbar. Füllen Sie Stoffsäckchen mit den Blüten als Hausmittel gegen Kleidermotten, binden Sie dekorative Lavendelsträuße oder verwenden Sie die essbaren Blüten in der Küche für Desserts und Teemischungen.

## 75 **Indianernessel** – *Monarda*

Die Indianernessel oder auch Goldmelisse gehört zu den typischen Kräutern eines Bauerngartens. Sie duftet leicht herb und ist ein Nahrungslieferant für Insekten. Ihre Blüten wachsen in Etagen. Die fleischigen Blätter in Hell- bis Dunkelgrün bilden einen dichten Stock, der in Bodennähe eher kahl ist. Daher sollte man niedrige Stauden oder Polsterpflanzen vor die Indianernessel setzten. Die Blätter sind auf der Unterseite behaart und duften. Blätter und Blüten werden als Hausmittel eingesetzt. Aus den Blüten kann man einen leuchtend roten Sirup herstellen.Ein halbschattiger Standort gefällt der Indianernessel am besten. Sie nimmt dann mit den Jahren immer mehr Platz ein. Die Wurzelausläufer kann man leicht ausreißen, wenn man das Wachstum bremsen möchte. Die Indianernessel ist bei feuchtem Wetter anfällig für falschen Mehltau. Ein luftiger Standort kann dem entgegenwirken. Bei Befall die Pflanzenteile abschneiden und im Restmüll entsorgen.

**Blütezeit:** Juni bis August
**Blütenfarbe:** pink, lila, rosa, rot
**Boden:** nährstoffreich, durchlässig
**Standort:** halbschattig, luftig
**Wuchshöhe:** 30 bis 50 cm

## 76. **Nachtkerze** – *Oenothera*

Die Nachtkerze ist eine Vertreterin der Bauerngärten und der Naturheilkunde. Ihre leuchtend gelben Blüten sitzen an rötlichen Stielen. Auch die Blütenknospen sind rötlich gefärbt. Die Blüten locken nicht nur Bienen, sondern auch Schmetterlinge an. Deshalb ist es wichtig, dass in der Nähe auch die richtigen Wildpflanzen für Raupen zu finden sind (zum Beispiel Brennnesseln).

Die Blätter sind länglich und glänzen dunkelgrün. Die Blattrosetten bleiben in milden Wintern stehen. Durch Tochterrosetten breitet sie sich langsam im Beet aus. Aufgrund ihrer Wuchshöhe ist die Nachtkerze im Staudenbeet eher im Hintergrund einzuplanen. Am besten kommt sie zur Geltung neben luftigen Nachbarn wie Gräsern oder Eisenkraut.

**Blütezeit:** Juni bis September
**Blütenfarbe:** gelb
**Boden:** mäßig nährstoffreich, steinig-lehmig
**Wuchshöhe:** 40 bis 60 cm

## 77. **Dost** – *Origanum*

Der Dost ist eine ausdauernde Staude mit hübschen, violetten Blüten, die ausgezeichnet in der Vase halten und ihre leuchtende Farbe auch beim Trocknen nicht verlieren. Es gibt ihn mit aufrechtem Wuchs für die zweite Reihe im Staudenbeet oder auch als niedrige Polsterpflanze für Steinmauern und Fugen in der vollen Sonne. Vor allem Wildbienen und Hummeln sieht man oft in seinen Blüten sitzen.

Ein anderer Name für Dost ist wilder Majoran. Das trifft den Geschmack der kleinen, zarten, leicht grauen Blätter gut. Entsprechend kann er in der Küche verwendet werden.

**Blütezeit:** Juni bis September
**Blütenfarbe:** rosa bis purpur
**Boden:** nährstoffarm, sandig
**Standort:** Sonne
**Wuchshöhe:** 15 bis 40 cm

## 78. **Pfingstrose** – *Paeonia*

Die Pfingstrose ist eine imposante Erscheinung im Staudenbeet – durch ihren üppigen Wuchs, die saftig dunkelgrünen Blätter, die im späten Frühling erscheinen, und vor allem durch ihre Blüten. Die Blütenköpfe können bis zu 15 cm groß werden. Sie erfüllen den ganzen Garten mit Rosenduft. Da die Staude durch die schweren Blütenköpfe leicht auseinanderfällt, ist ein Stützkorsett um die ganze Pflanze empfehlenswert. Im windgeschützten Halbschatten an einer Zaunseite oder Hausmauer bleiben die Blüten länger erhalten und die Farben werden kräftiger. Pfingstrosen sind standorttreu und nehmen das Umsetzen übel. Sie lassen sich dann mit der nächsten Blüte bis zu drei Jahre Zeit.

**Blütezeit:** April bis Juni
**Blütenfarbe:** weiß, gelb, rosa, rot
**Boden:** nährstoffreich, locker lehmig
**Wuchshöhe:** 50 bis 100 cm

**Mein Tipp:** Schneiden Sie die Knospen für die Vase noch vor dem Aufblühen.

## 79. **Brandkraut** – *Plomis*

Das Brandkraut mit seinen hübschen Blüten in cremigen Gelbtönen gehört in die hinterste Reihe des Staudenbeets. Es mag Gehölzrandlagen und volle Sonne. Seine großen, pelzigen, hellgrünen Blätter ähneln einem Herz und wachsen nur bis zu einer Höhe von 30 cm. Höher ragt der Blütenstiel mit gelben Blüten auf mehreren Etagen. Die Blüten dienen unseren Gartennützlingen als Nahrungslieferant. Brandkraut ist wintergrün und mit seinen hohen Samenständen das ganze Jahr über dekorativ. Es sät sich leicht selbst aus und bildet dann einen dichten Teppich.

**Blütezeit:** Juni bis Juli
**Blütenfarbe:** gelb
**Boden:** nährstoffreich, durchlässig bis lehmig
**Wuchshöhe:** 1 m

Das Mutterkraut ist eine altbekannte Heilpflanze. Als Mittel gegen Migräne durfte sie früher in keinem Bauerngarten fehlen. Die kleinen Blättchen und auch die Blüten haben einen herben Duft. Die Staude erstrahlt mit reinweißen Polsterblüten aus der Mitte des Staudenbeets. Sie kann bis zu 50 cm hoch werden. Ein Rückschnitt nach der ersten Blüte fördert die zweite Blüte, die sich bis in den Herbst hineinzieht. Es sät sich leicht selbst aus. Mutterkraut mag durchlässige, nährstoffreiche Böden. Es kann aber auch auf schweren Böden gedeihen, nur wird es dann nicht ganz so hoch. Volle Sonne bis lichten Schatten verträgt es gut. Oft wird es unter Obstbäume gesetzt, denn der starke Duft der Blätter soll Schädlinge abhalten. Das Mutterkraut eignet sich auch hervorragend für Schnittblumensträuße.

**Blütezeit:** Juni bis Juli und August bis September
**Blütenfarbe:** weiß
**Boden:** nährstoffreich, durchlässig bis lehmig
**Standort:** Sonne, lichter Schatten
**Wuchshöhe:** 30 bis 50 cm

**Mein Tipp**: In trockenen, windgeschützten Lagen ist Mutterkraut anfällig für Blattläuse. Bei Befall schneidet man am besten die ganze Pflanze zurück und entsorgt den Pflanzenschnitt im Komposthaufen. Sie wird dann frisch und gesund wieder nachtreiben.

## 81. **Kuhschelle, Küchenschelle** – *Pulsatilla*

Diese heimische Wildstaude bildet im Frühling das erste Nahrungsangebot für Bienen und Hummeln. Die Kuhschelle hat ihren Namen von ihren großen Blüten, die an Kuhglocken erinnern. Sie wird auch Pelzanemone genannt. Die Pflanze entzückt mit ihren pelzigen, gefiederten Blättern und den großen Blüten, die gleichzeitig mit Märzenbechern und Tulpen erscheinen. Sie sind weiß, rosa oder violett. Wenn sie verblühen, bilden die haarigen Samenstände einen interessanten Kontrast zu den frisch austreibenden Blättern anderer Stauden. Die Samenstände eignen sich sehr gut für Trockensträuße.

Die Kuhschelle mag trockene, sandige Böden, die gut durchlässig sind. Sie siedelt sich gerne in Steinritzen rund um die Beeteinfassung an. Das trockene Laub verschwindet später unter den Blättern der Sommerstauden.

**Blütezeit:** März bis Mai
**Blütenfarbe:** weiß, rosa, violett
**Boden:** sandig, gut durchlässig
**Standort:** volle Sonne
**Wuchshöhe:** 10 cm

Rosmarin kennt man aus dem Kräuterbeet, aber auch im Staudenbeet macht er mit seinen blaugrünen Blätternadeln eine hübsche Figur. Es gibt hochwachsende Sorten, die in der Mitte oder im Hintergrund des Staudenbeets ihren Platz finden, oder solche mit hängenden Stielen, die kriechend den Boden bedecken. Als Bodendecker gehört Rosmarin in die erste Reihe, wo er sich über Steinen ausbreiten kann oder dekorativ über eine Mauer hängt.

Dieser Gewürzstrauch ist immergrün. Er mag sandige, durchlässige Böden und braucht ein Plätzchen, wo er vor kalten Winden im Winter geschützt ist. Rosmarin ist nicht nur schön anzusehen, sondern auch essbar. In der mediterranen Küche wird er für Kartoffeln, Pizza oder Gewürzsalz eingesetzt und zum Aromatisieren verschiedener Getränke. Man kann ihn auch bei einem Entspannungsbad in das Badewasser mischen.

**Blütezeit:** Mai bis Juli
**Blütenfarbe:** zartblau
**Boden:** nährstoffreich, durchlässig bis lehmig
**Standort:** Sonne
**Wuchshöhe:** 40 bis 60 cm

**Mein Tipp**: Am besten erntet man die Zweige an einem sonnigen Tag und hängt sie luftig im Schatten zum Trocknen auf. Da die trockenen Blätternadeln leicht brechen, können Sie sie abrubbeln und dann in einem Schraubglas gut verschließen, damit das Aroma erhalten bleibt.

## 83. **Sonnenhut** – *Rudbeckia*

Dieser Sonnenhut blüht gelb und setzt im Spätsommer leuchtende Akzente in den Garten. Den echten Sonnenhut, Echinacea, gibt es nur in Rosa oder Weiß. Man erkennt Rudbeckien an ihren braunen Blütenkörbchen, die von gelben Strahlenblüten besetzt sind. Es gibt unterschiedliche Arten: mit schmalen, breiten oder hängenden Blütenblättern oder mit gefüllten Blüten. Sonnenhut blüht den ganzen Sommer über bis in den Herbst hinein und bietet eine ausdauernde Nahrungsquelle für Insekten.

Der dreiblättrige Sonnenhut ist besonders widerstandsfähig. Er samt sich sehr gerne aus und wandert so durch den Garten. Die Samenstände des Sonnenhuts sind im Winter eine hübsche Dekoration im kahlen Garten. Der Sonnenhut mag durchlässig nährstoffreiche Böden. Je mehr Feuchtigkeit er bekommt, desto standfester ist er. Er eignet sich auch als Schnittblume.

**Blütezeit:** Juli bis Oktober
**Blütenfarbe:** gelb, orange
**Boden:** nährstoffreich, durchlässig bis lehmig
**Standort:** Sonne
**Wuchshöhe:** 80 bis 100 cm

Bei Salbei muss man die dekorativen Züchtungen und den echten Salbei, der in der Naturheilkunde und der Küche Verwendung findet, unterscheiden. Den echten Salbei kann man ins Kräuterbeet setzen oder als Kontrast in ein Staudenbeet integrieren. Die Blätter sind leicht pelzig und einfarbig, blaugrau oder grün-gelb gefärbt. Aus ihnen lässt sich ein wirksamer Heiltee gegen Halsschmerzen zubereiten. Im Mai zeigen sich lange Blütenrispen, die Hummeln anlocken.

Der Steppensalbei ist eine reine Zierstaude und besticht durch seine langen, großen Blüten in blauen, violetten und lila-rosa Tönen. Er blüht von Juni bis August, mag mäßig nährstoffreiche Böden und ist winterhart. Auch er ist eine bienenfreundliche Pflanze. Die Triebe und Blätter sind so wie beim echten Salbei mit feinen Härchen überzogen und halten die Sonne besonders gut aus. Wichtig ist ein durchlässiger, sandiger Boden.

**Blütezeit:** Juni bis August (Ziersorten)
**Blütenfarbe:** blau, violett, rosa
**Boden:** mäßig nährstoffreich, durchlässig, sandig
**Standort:** volle Sonne
**Wuchshöhe:** 30 bis 60 cm

**Mein Tipp**: Salbei ist eine aufrecht wachsende Staude, die mit der Zeit auseinanderfällt. Wenn man Steppensalbei nach der ersten Blüte kräftig zurückschneidet, blüht er meistens noch ein zweites Mal.

Sedum gibt es in unterschiedlichen Arten, sowohl niedrig als auch hoch.

Der bis zu 15 cm hohe Mauerpfeffer ist bodendeckend und mag trockene, sandige Standorte. Er blüht gelb, weiß oder rosa. Die fleischigen Blätter und Blüten sind nicht trittfest, eignen sich also nicht für die Bepflanzung zwischen Pflastersteinen.

Die aufrecht wachsende Fetthenne wird bis zu 60 cm hoch. Sie hat fleischige, hellgrüne oder auch rote Blätter und Stiele. Im Spätsommer bilden sich die rosa, purpurrosa oder altrosa Blütenköpfe. Sie eignen sich hervorragend für Trockensträuße oder frische Blumensträuße. Die Fetthenne mag sonnige bis halbschattige Standorte auf gut durchlässigem Boden. Sie blüht bis zum ersten Frost und ist damit eine der letzten Blütenpflanzen im Staudenbeet.

Zu den Sedum-Arten zählt auch das Theresienkraut. Es hat blaugrüne oder grüne Blätter in Rosettenform und rosa Blüten. Durch die hängenden Ästchen eignet es sich hervorragend für die Kübelbepflanzung.

**Blütezeit:** August bis November
**Blütenfarbe:** gelb (kriechend), rosa (aufrecht)
**Boden:** durchlässig
**Standort:** Sonne bis Halbschatten
**Wuchshöhe:** 10 bis 15 cm/ 30 bis 60 cm

Eine Staude, an der man kaum vorbeigehen kann, ohne die weichen, pelzigen Blätter berühren zu wollen: Der Wollziest ist auch unter dem Namen Hasenohren bekannt. Zwischen den weißen, pelzigen Blättern sitzen die unauffälligen Blüten. Sie zeigen sich von Juni bis August in Rot oder Rosa. Wollziest mag sonnige, sandige Plätzchen und eignet sich auch für Steingärten oder Mauerbepflanzungen. Die Bodenstruktur sollte wasserdurchlässig sein und vor allem im Winter keine Staunässe zulassen.

Die niedrigen Arten mit nur 10 cm Wuchshöhe sind Bodendecker für die erste Reihe im Staudenbeet. Die höher wachsenden Sorten können bis zu 60 cm erreichen. Der Wollziest braucht keinen Schnitt. Er behält das Laub auch in den Wintermonaten. Erst im Frühling stirbt es ab und treibt neu aus.

**Blütezeit:** Juni bis August
**Blütenfarbe:** lila, rosa
**Boden:** sandig
**Standort:** Sonne
**Wuchshöhe:** 10 bis 60 cm

**Mein Tipp**: Wenn Sie auf die Blüte verzichten, wird das Laub üppiger.

## 87. **Goldrute** – *Solidago*

Wenn man den Namen Goldrute hört, denkt man zuerst an den Neophyten, der sich oft in Schottergruben ausbreitet und die heimischen Arten zu verdrängen droht. Es gibt aber viele Züchtungen, die sich nicht über Rhizome verbreiten, sondern horstig wachsen. Ihre hübschen, teilweise überhängenden Blütenrispen bilden im Herbst einen leuchtend gelben Farbtupfer im Beet. Die länglichen, hellgrünen Blätter sind eher unscheinbar.

Ein vollsonniger Standort tut der Goldrute gut. Am schönsten wird sie bei mäßig nährstoffreichen Bodenbeschaffenheiten. Die heimische Goldrute bietet vor allem im Herbst noch eine sichere Nahrungsquelle für Bienen und Insekten. In der Naturheilkunde wird der Tee aus ihren Blüten gegen Harnwegsinfekte eingesetzt.

**Blütezeit:** August bis September
**Blütenfarbe:** gelb
**Boden:** mäßig nährstoffreich
**Standort:** Sonne
**Wuchshöhe:** 60 bis 80 cm

**Mein Tipp**: Die Goldrute kann sich leicht selbst aussäen. Wenn Sie das nicht möchten, sollten Sie sie nach der Blüte zurückschneiden. Ansonsten bieten die verblühten Blütenstände auch im winterlichen Garten ein hübsches Erscheinungsbild.

Thymian ist als Gewürzkraut aus dem Kräutergarten bekannt. Er macht sich aber auch wunderschön in der ersten Reihe eines Staudenbeets. Es gibt Sorten mit dunkelgrünen bis hellgrünen Blättchen, aber auch den Zitronenthymian mit gelblichen oder den grauen Polsterthymian mit weiß behaarten Blättern. Die Blüten sind weiß, rosa, pink oder hellviolett. Sie sind eine Nahrungsquelle für Bienen und Hummeln. Wenn man die Blätter zwischen den Fingern zerreibt, kommt ein aromatischer Geruch zur Geltung. Der Zitronenthymian duftet intensiv nach frischer Zitrone.

Thymian wächst immer in einer niedrigen Wuchsform bis zu 10 cm. Er wird am schönsten auf sandigen, durchlässigen Böden zwischen Steinfugen oder in Steingärten. Weil viele Sorten trittfest sind, könnten Sie die Platten Ihres Sitzplatzes mit duftendem Thymian verfugen.

**Blütezeit:** Juni bis August

**Blütenfarbe:** weiß, rosa, pink oder hellviolett

**Boden:** nährstoffarm, sandig

**Standort:** Sonne

**Wuchshöhe:** 10 cm

**Mein Tipp**: Ernten Sie in der Blütezeit nach drei Tagen Sonnenschein den oberirdischen Teil der Pflanze komplett mit Blütenköpfchen und Blättern. Trocknen Sie die Pflanzen auf einem luftigen Gitter, bis sie rascheln. Dann können Sie die Kräuter zur Aufbewahrung in ein Schraubglas füllen. In der Küche verwendet man Thymian zum Würzen, in der Heilkunde als Tee gegen Husten.

Die Königskerze ist eine heimische Heilpflanze, die vielen Insekten als Nahrungsquelle dient. Obwohl sie keine Staudenpflanze ist, möchte ich sie hier vorstellen. Sie hat eine zweijährige Entwicklung: Im ersten Jahr sieht man nur die niedrige Blattrosette mit den behaarten, großen Blättern. Im zweiten Jahr wächst die hohe Kerze mit ihren gelben Blüten. Es gibt auch schon weiße und rosa-violette Züchtungen. Die Blüten sind als Hausmittel für hustenlösenden Tee bekannt.

Die Königskerze kann bis zu 1,50 Meter hoch werden und blüht von Juni bis August. Nach der Blüte stirbt die ganze Pflanze ab. Sie sät sich gerne selbst aus, lässt sich aber nur als junge Pflanze gut auszupfen, da sie eine tiefe Pfahlwurzel bildet. Deswegen kann man die Königskerze sehr schlecht umsetzen.

**Blütezeit:** Juni bis August
**Blütenfarbe:** gelb, rosa, weiß
**Boden:** nährstoffarm, sandig, durchlässig
**Standort:** Sonne
**Wuchshöhe:** bis 1,50 m

**Mein Tipp**: Bei mir im Garten darf sich die Königskerze ihren Standort selbst aussuchen. Ich lasse immer ein paar Pflanzen stehen, wo sie gerade aufgehen. Wo ich sie nicht haben möchte, muss ich sie sehr rasch ausreißen.

Eisenkraut macht sich besonders hübsch zwischen anderen luftigen Pflanzen und Gräsern. Die Blütenköpfe sind meistens dunkelviolett und schweben auf dünnen Stielen bis zu einem Meter über dem Boden. Eisenkraut mag sandig-humose Böden, die nährstoffreich sind. Volle Sonne verträgt es ausgezeichnet. Die Blüten sind von Juli bis zu den ersten Morgenfrösten geöffnet und zudem eine beliebte Nahrungsquelle für Bienen, Wildbienen, Hummeln und Schmetterlinge.

Das Eisenkraut ist nur bedingt winterhart, aber es sät sich jedes Jahr selbst aus. In milden Lagen kann es sehr wohl überwintern. Mit einer dicken Mulchschicht und einem durchlässigen Boden kommt es dort gut über die kalte Jahreszeit. Wenn Sie Eisenkraut aussäen möchten, ist der beste Zeitpunkt im Herbst, da das Saatgut einen Kältereiz für die Keimung braucht. Sie können auch einfach die verblühten Stiele bis zum Frühjahr stehen lässt, dann übernimmt das Eisenkraut die Arbeit durch die Selbstaussaat.

**Blütezeit:** Juli bis November
**Blütenfarbe:** lila
**Boden:** nährstoffreich, durchlässig
**Standort:** Sonne
**Wuchshöhe:** 1 m

**Mein Tipp**: Kombinieren Sie Eisenkraut im Staudenbeet mit der Komplementärfarbe, um die Strahlkraft zu erhöhen: zu den lila Blüten also gelb-grüne Töne. Besonders hübsch wirkt es zusammen mit der Prachtkerze, dem Brandkraut, dem Frauenmantel oder der Schafgarbe.

Der Ehrenpreis ist eine hübsche, dekorative Staude. Es gibt ihn kriechend für Steingärten, bis zu 30 cm hoch für die Mitte des Staudenbeets und Sorten, die bis zu 80 cm hoch werden und im hinteren Teil des Beets anzusiedeln sind. Die Veronica zeigt von Mai bis Juli Blütenrispen in strahlendem Dunkelbau, Purpurrosa oder auch Weiß. Die Blätter sind länglich und gezahnt. Sie erinnern ein wenig an Pfefferminze. Der Ehrenpreis bevorzugt grundsätzlich einen sonnigen Platz. Die niedrigen Arten mögen sandige, durchlässige Böden, die höheren Arten bevorzugen dagegen einen nährstoffreichen, lehmigen Boden. Bei den höheren Arten ist eine Pflanzenstütze von Vorteil, damit die großen Stauden nicht auseinanderfallen.

Für viele Insekten im Garten ist der Ehrenpreis eine wichtige Nahrungsquelle. Bei einem Rückschnitt nach der ersten Blüte können Sie und die Insekten sich auf eine zweite Blüte im Spätsommer freuen. Die Veronica ist nicht anfällig für Frost und braucht keinen zusätzlichen Winterschutz.

**Blütezeit:** Mai bis Juli
**Blütenfarbe:** tiefblau, purpurrosa, hellrosa, weiß
**Boden:** nährstoffreich, durchlässig bis lehmig
**Standort:** Sonne
**Wuchshöhe:** 10 cm oder 30 bis 80 cm

# Gräser

Gräser sind ein besonderer Hingucker im Garten. Ob es zum eigenen Gartenstil passt, muss jeder für sich selbst entscheiden.

Ich möchte nur kurz einige robuste, trockenheitsresistente Sorten erwähnen:

92. Rutenhirse – *Panicum virgatum*. Wuchshöhe: 150 bis 200 cm
93. Lampenputzergras – *Pennisetum alopecuroides*. Wuchshöhe: 40 bis 60 cm
94. Federgras – *Stipa pennata*. Wuchshöhe: 30 bis 60 cm
95. Schwingel – *Festuca*. Wuchshöhe: je nach Sorte 20 bis 150 cm

**Mein Tipp:** Grundsätzlich sollte man alle Gräser im Herbst zusammenbinden und nicht abschneiden. Durch das Abschneiden gelangt Wasser in die hohlen Halme und lässt den Wurzelstock erfrieren. Gut zusammengebunden können die Gräser überwintern, ohne dabei Schaden zu nehmen. Das kann man dekorativ mit großen, breiten Jutebändern machen.

# Gemüse ohne Giessen

Kann das überhaupt funktionieren? Ja, das geht! Der Trick dabei: Nutzen Sie Frühling, Herbst und Winter als Kulturzeit. Die Sonne ist schon oder noch warm genug, um das Pflanzenwachstum anzuregen. Niederschlag ist meistens ausreichend vorhanden. Natürlich brauchen Sie auch im Sommer nicht auf Gemüse zu verzichten. Die heißen, trockenen Monate überstehen Gemüsearten mit tiefen Wurzeln, langer Kulturdauer oder sogar mehrjährige Gemüsesorten. Wenn eine Hitzewelle über uns rollt, brauchen natürlich auch diese eine gründliche Wassergabe aus dem Schlauch – aber eben nicht die tägliche Gießkanne. Gemüse zu kultivieren ist ein großes Thema – ich möchte es nur kurz anschneiden und Ihnen ein paar Beispiele geben.

**Herbst**

Im Herbst heißt es, rechtzeitig an den Anbau von Wintergemüse zu denken. Die Pflanzen wachsen problemlos, ohne gießen. Vor der Aussaat sollten Sie ein paar Regentage abwarten, damit die Erde ausreichend Feuchtigkeit hat und die Samen keimen können. Die Mulchschicht, die das Gemüsebeet bedeckt, wird an den gewünschten Stellen zur Seite geschoben oder auf den Kompost gebracht. Mit einer kleinen Harke werden Furchen gezogen oder bei flächiger Aussaat der Boden gelockert. Das meist feine Saatgut wird ausgestreut und vorsichtig mit feinkrümeliger Erde bedeckt. Danach darf nicht mehr gemulcht werden! Schon nach zwei Wochen kann man die Keimlinge sehen.
Wintersalatpflanzen gibt es häufig beim Gärtner zu kaufen, zum Beispiel Endiviensalate oder Asiasalate. Feldsalat, Rucola und Winterportulak kann man leicht selbst aussäen. Wenn viel Schnee vorhergesagt ist, können Sie die Pflanzen mit einem alten Fenster oder einer anderen Abdeckung vor zu großer Schneelast schützen und weiterhin ernten.

**Frühling**

Im Frühling machen wir uns das feuchte Wetter und die warmen Sonnenstrahlen zunutze. Es können Gemüsesorten mit kurzer Kulturdauer angebaut oder eingesetzt werden. Diese Sorten wachsen schnell und werden noch vor der großen Sommerhitze geerntet. Somit entfällt zusätzliches Gießen. Natürlich würde die Ernte größer ausfallen, wenn die Pflanzen in Trockenperioden zusätzlich mit Wasser versorgt werden, aber sie halten auch ohne Wasserversorgung durch.

Beispiele für Frühlingsgemüse und ihre Kulturdauer:

96. Radieschen: 40 Tage
97. Kopfsalat: 50 Tage
98. Frühlingszwiebel: 60 Tage
99. Spinat: 70 Tage
100. Karotten: 70 Tage
101. Kohlrabi: 80 Tage

**Sommer**

Gemüsesorten mit längerer Kulturdauer müssen die heißen, trockenen Sommertage überstehen. Diese Pflanzen brauchen Regenwetter und bedeckten Himmel beim Einsetzen, damit sie gut anwurzeln. Die nächste Wassergabe ist dann erst notwendig, wenn die Blätter traurig herunterhängen. Nach vier Wochen sollten die Pflanzen so tief eingewurzelt sein, dass sie längere Trockenperioden überstehen. Viele Pflanzen haben dann Wurzeln, die 1 m oder länger sind!

*Weißer Mangold*

Beispiele für tief wurzelnde, einjährige Gemüsesorten:

102. Artischocke
103. Wurzelgemüse: Möhre (Karotte), Pastinake, Rettich, Schwarzwurzel, Kartoffel, Speiserübe
104. Feuerbohne, Puffbohne
105. Kürbis
106. Mangold
107. Paprika
108. Tomaten oder Paradeiser
109. Staudenkohl
110. Winterheckzwiebel (mehrjährig)
111. Kren oder Meerrettich (mehrjährig)

*Artischocken*

Kren, Winterheckenzwiebel und grüner Spargel sind mehrjährig. Dieses sogenannte Staudengemüse ist standorttreu und kann über mehrere Jahre geerntet werden. Mehrjährige Gemüsepflanzen haben genau so wie Stauden einen Vorteil bei der Wasserversorgung. Mit ihren tiefen Wurzeln erreichen sie auch im Sommer noch feuchte Bodenschichten.

*Rosenkohl*

Meerrettich

Grünkohl

Winterheckenzwiebel

Feldsalat

Die Jungpflanzen werden gemulcht, um die Verdunstung gering zu halten.

Endiviensalat

# 3

# GARTENPRAXIS

# Hinweise zum Pflanzen

## Wie pflanzt man einen Baum?

Eine gute Pflanzzeit ist der Herbst, wenn der Boden noch nicht klebrig ist. So kann sich der Baum gut einwurzeln, ohne extremer Hitze oder Trockenheit ausgeliefert zu sein. Er geht dann gestärkt in seine erste Gartensaison.

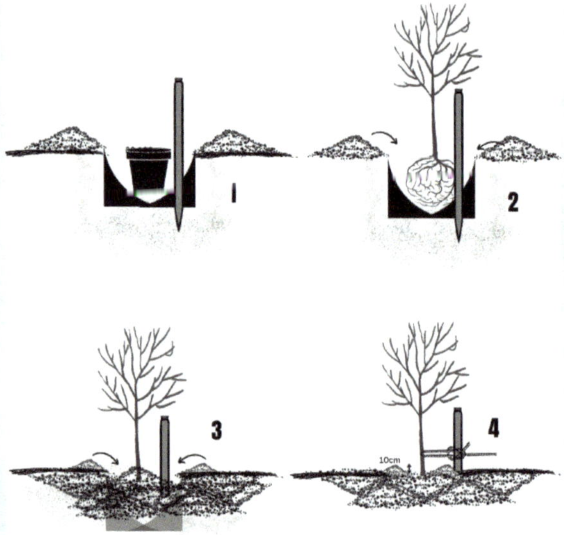


Es gibt im Fachhandel Bäume im Container (ein großer Plastiktopf), eingeschlagen in einem Drahtgeflecht und Jute oder wurzelnackt. Für alle gilt, dass sie vor dem Pflanzen gut gewässert werden müssen.

Für einen guten Start sollte das Pflanzloch etwa doppelt so breit und tief gegraben werden, als der Wurzelballen groß ist. Bessern Sie die Erde mit Langzeitnährstoffen wie Schafwollpellets oder einer Kompostgabe auf. Stellen Sie den Baum einmal zur Probe hinein, ob er gerade sitzt, und schlagen Sie auf der Windseite einen Pflock ein. Dann kommt der Baum an seinen endgültigen Platz und das Pflanzloch wird mit Wasser befüllt. Schaufeln Sie die ausgegrabene Erde wieder in das Loch und treten Sie sie fest. Abschließend formen Sie einen Erdwall um die Baumscheibe, damit Regen- und Gießwasser nicht ablaufen kann.

Achten Sie im ersten Jahr auf ausreichende Wasserversorgung. Wenn Ihr Baum gut eingewurzelt ist, wird er jedes Jahr trockenheitsverträglicher.

**Mein Tipp:** Den Baum können Sie mit einem weichen Stoffstreifen an den Pflock anbinden. Umwickeln Sie dabei nicht den Stamm, sondern legen Sie den Streifen in einer Acht um den Baum und den Pflock. Diese Unterstützung dient dazu, dass der Baum bei Wind nicht in eine Richtung gedrückt wird.

## Wie pflanzt man Stauden?

Zum guten Anwachsen einer neu gekauften Staude sind ein ausreichend großes Pflanzloch und das Auffüllen mit Wasser wichtig. Nur so kann die Pflanze gut einwurzeln und eine optimale Wasserversorgung durch ihr Wurzelsystem herstellen.

Das Pflanzloch sollte erheblich größer sein als der

Stark verwurzelte Ballen müssen vorsichtig gelöst werden.

Das Pflanzloch wird mit krümeliger Erde aufgefüllt.

Topf. Lockern Sie die Erde gut auf, damit die Wurzeln gut anwachsen können. Bei Stauden, die gerne nährstoffreiche Böden haben, gibt man in das Pflanzloch eine Schaufel Kompost oder einen Langzeitdünger wie Schafwollpellets. Darüber kommt dann wieder eine Schaufel Erde.

Die Staude wird vom Topf befreit und der ganze Wurzelballen wird so lange in einen Kübel mit Wasser gestellt, bis keine Luftblasen mehr aufsteigen. Wurzelballen von Stauden, deren Wurzeln sich schon entlang der Topfwand um den Erdballen wickeln, müssen aufgebrochen werden. Bohren Sie dazu die Finger in den Wurzelballen und ziehen Sie vorsichtig, bis die Wurzeln sich lösen und wieder nach unten hängen. Wenn dabei ein paar Wurzeln abbrechen, schadet das der Pflanze nicht. Die Wurzeln müssen gelöst werden, damit sie tief in die unteren Bodenschichten wachsen können.

Setzen Sie die Staude nun in das Pflanzloch und füllen Sie es mit feinkrümeliger Erde wieder auf. Drücken Sie die Erde fest an und formen Sie einen Gießring. Dazu häuft man einen kleinen Erdwall auf, damit das Gieß- und Regenwasser nicht zur Seite abfließt, sondern bei der Pflanze und ihrem Wurzelstock versickert. Die nackte Erde um die Staude wird schließlich mit einer Mulchschicht abgedeckt. Erst wenn die Blätter sehr traurig herabhängen, wird das nächste Mal gegossen. So erzieht man die Pflanze. Sie bildet lange Wurzeln und gelangt so an die Feuchtigkeit der unteren Bodenschichten. Behalten Sie dieses Gießverhalten in der ersten Gartensaison bei, bis sich eine gesunde, starke Pflanze entwickelt hat. In der zweiten Gartensaison wird ein Gießen nicht mehr nötig sein.

**Mein Tipp:** Wenn die Pflanzen gut etabliert sind, werden sie rasch größer. Nach wenigen Jahren können Sie sie teilen. Dazu einfach mit einer Grabegabel den kompletten Stock ausgraben und mit einem scharfen Spatenstich teilen. Die beiden Teile werden wieder eingesetzt. Eine Schaufel Kompost im Pflanzloch gibt zudem neue Nährstoffe.

# Welches Beet brauche ich für Gemüse?

Gemüse braucht grundsätzlich gute, humose Erde, die mäßig durchlässig ist. Die Breite des Beets sollte so gewählt werden, dass Sie die Pflanzen gut erreichen können. Bei einem Beet, das von zwei Seiten begehbar ist, sollten Sie mit ausgestreckten Armen gut zur Mitte gelangen. Wenn das Gemüsebeet nur von einer Seite bearbeitbar ist, wird das Beet entsprechend schmal sein. Wie lang das Gemüsebeet ist, spielt dann keine Rolle.

## Bodenbeet

Ebenerdige Gemüsebeete sind ein wenig aus der Mode gekommen. Wenn man keine Nacktschneckenplage hat und einen gesunden Rücken spricht aber gar nichts gegen die Anlage eines ebenerdigen Beets. Vor allem für Gemüsesorten, die einen großen Platzbedarf haben, würde ich immer ein Bodenbeet wählen, also für Kren (Meerrettich), Kohlgemüse, Spargel oder Winterheckenzwiebeln. Auch Wurzelgemüse, das eine lange Kulturdauer hat, gehört ins Bodenbeet. Reife Kartoffeln, Pastinaken oder Schwarzwurzeln müssen mit einer Grabgabel tief ausgegraben werden. Wer will dazu schon auf ein Hochbeet klettern? Diese Pflanzen haben einen großen Platzbedarf, und große Beete sind ebenerdig viel leichter anzulegen. Wählen Sie einen halbschattigen Platz, da diese Gemüsesorten langsam wachsen, eine lange Kulturdauer haben und nicht die volle Sonne brauchen. Eine regelmäßige Kompostgabe und eine geschlossene Mulchdecke sorgen für einen guten Ertrag.

## Etagenbeet

Gemüsesorten mit kurzer Kulturdauer können in ein Etagenbeet oder ein Hochbeet gepflanzt werden. Bei einem Etagenbeet erhöht man das ursprüngliche Bodenniveau. Das ist vorteilhaft wenn:

- man sehr steinigen Boden hat,
- in Hanglage wohnt,
- der Boden schwer und feucht ist,
- der Garten in einem Überschwemmungsgebiet liegt oder
- man Nacktschnecken im Überfluss hat.

Für ein Etagenbeet baut man aus Holzbrettern, Steinen oder anderen Materialien einen Rahmen. Diesen befüllt man mit guter Komposterde. Wenn Sie Wurzelgemüse kultivieren möchten, brauchen Sie mehr Tiefe. Hier sind zwei Etagen ratsam.

**Mein Tipp:** Optimal eignen sich die Kompostsysteme aus Holzbrettern, die es im Baumarkt zu kaufen gibt. Einfach eine Lage davon zusammenstecken, und schon hat man den Rahmen für ein Etagenbeet.

## Hochbeet

Das Hochbeet ist seit einigen Jahren der Renner unter den Gemüsebeeten. Für kleine, zierliche Pflanzen sowie die Nutzung im Frühjahr, Herbst und Winter ist es sehr gut geeignet. Man kann es bis zum Rand bepflanzen, also das Platzangebot komplett nutzen. Die Arbeitshöhe ist angenehm und eine Abdeckung für Frühbeete oder ein Schutz vor Schnee lässt sich einfach darüberlegen.

Ein Hochbeet können Sie kaufen oder selbst bauen. In den Baumärkten gibt es verschiedene Ausführungen. Achten Sie bei Holzsystemen darauf, dass das Holz nur mit lebensmittelechten Mitteln behandelt ist und keine Schadstoffe an die Erde und Ihr Gemüse abgibt.

Ein Hochbeet sollte immer einen Bodenschluss haben. Das bedeutet, dass es auf gewachsenem Boden und nicht auf Terrassenplatten oder Beton stehen sollte. (Wenn es auf versiegeltem Boden steht, muss man einiges extra beachten.) Das Befüllen eines Hochbeets ist etwas aufwendig. Zwei Drittel des Beets müssen nämlich mit Grünschnitt befüllt werden. Am besten beginnen Sie schon ein Jahr vor Anlegen des Beets damit, Material zu sammeln. Sie können auch Ihre Nachbarn einbeziehen und deren Strauchschnitt übernehmen.

Schauen wir uns die einzelnen Schritte an:

- Auf der Fläche für das Hochbeet wird die Grasnarbe abgestochen und zur Seite gelegt.
- Bauen Sie den Rahmen für Ihr Hochbeet auf. Positionieren Sie ihn dabei so, dass das Beet von mindestens einer der langen Seiten aus gut bearbeitbar ist. Wege zum oder zwischen Hochbeeten sollten breit genug sein, um diese mit einer Schubkarre zu befahren. Ein Hochbeet kann jährlich bis zu 20 cm absinken und muss in den ersten Jahren jährlich aufgefüllt werden.
- Legen Sie den Boden mit einem engmaschigen Hasendraht aus und ziehen Sie diesen an den Wänden ca. 15 cm hoch. Gut befestigen, damit keine Wühlmäuse in das Hochbeet einziehen. Ein ungeschütztes Hochbeet ist nämlich wie ein Wellness-Hotel für Wühlmäuse: gute, leicht zu grabende Erde sowie ein vielseitiges Nahrungsangebot an Käfern, Würmern und wohlschmeckenden Gemüsewurzeln. Und das alles ohne die Gefahr von überfluteten Gängen.
- Wenn das Baumaterial anfällig für Verwitterung ist, sollten Sie die Seitenwände mit Teichfolie oder Noppenfolie aus der Bauabteilung auskleiden. Für einen optimalen Schutz zieht man die Folie über die Abschlusskante und befestigt sie an der Außenseite. So kann auch von oben kein Regenwasser in das Holz eindringen. (Ob einem das gefällt, ist eine andere Sache.)
- Jetzt wird als unterste Schicht grobes Material eingefüllt: Äste, Zweige, Blätter, Staudenschnitt. Dafür zahlt es sich aus, ein ganzes Jahr den Grünschnitt aus dem eigenen oder dem Nachbargarten gesammelt zu haben. Wenn Sie Zugang dazu haben, können Sie auch Pferdemist mit Stroh, altes Stroh von Erdbeerfeldern oder Laub einfüllen.
- Wenn eine Grasnarbe vorhanden war, dann wird diese mit dem Gras nach unten auf den Strauchschnitt gelegt.
- Jetzt folgt unfertiger Kompost: Einfach den Komposthaufen, so wie er gerade ist, in das Hochbeet einfüllen.
- Gereifte Komposterde bildet die letzte Schicht im Hochbeet. Oft verkaufen Kompostieranlagen ihren Kompost anhängerweise. So spart man viel Verpackungsmaterial und der Preis ist meistens auch annehmbar. Wenn Sie Komposterde im Fachhandel kaufen, achten Sie bitte darauf, dass kein Torf enthalten ist. Meistens ist fertige Erde mit Dünger versetzt. Entscheiden Sie, ob das zu Ihrem Gartenkonzept passt.
- Es ist nicht tragisch, wenn das Beet nicht bis zum Rand gefüllt ist. Auch wenn das Hochbeet unter Niveau befüllt ist, lässt sich darin Gemüse anbauen. Nach dem ersten Gartenjahr hat man meistens wieder einen vollen Komposter und kann so auf die Endhöhe des Hochbeets hinarbeiten. Alternativ lassen Sie das letzte Brett weg und schrauben es im Folgejahr an.

**Mein Tipp:** Wenn das Hochbeet länger als zwei Meter ist, kann das Gewicht der Erde die Seitenbretter auseinanderdrücken. Um das zu verhindern, können Sie in der Mitte eine zusätzliche Verstrebung anbringen, etwa eine Eisenkette.

Ein Hochbeet wird aus unterschiedlichen Schichten aufgebaut.

Zweige und grobes, verholztes Pflanzenmaterial bilden die unterste Lage im Hochbeet.

# Kübelpflanzen adieu

Wer auf das Gießen verzichten will, muss leider Abschied von Kübelpflanzen nehmen. Zum einen haben Kübel kaum Speichervolumen für Feuchtigkeit. Zum anderen sind die meisten Kübelpflanzen sehr blatt- und blütenreich, was viel Verdunstungsfläche bietet. Durch diese Faktoren ist es kaum möglich, Kübelpflanzen ohne häufiges Gießen zu kultivieren.

Wenn Sie aber wie ich nicht auf das geliebte Zitronenbäumchen verzichten wollen, sind ein ausreichend großer Topf und ein Untersetzer, in dem das Gießwasser aufgefangen werden kann, wichtig. Außerdem kann man auch Topfpflanzen ‚erziehen': Gießen Sie nur nach Bedarf. Nicht täglich oder jeden zweiten Tag, weil es in die Alltagsroutine passt, sondern warten Sie auf die Zeichen der Pflanze. Herabhängende Blätter und ein trauriges Erscheinungsbild sind das richtige Signal, um zur Gießkanne zu greifen.

# Miniteiche

Miniteiche sind ein entzückendes Gestaltungselement im Garten. Allerdings ist es erschreckend zu sehen, wie viel Wasser an einem Sommertag verdunstet. Oft kommt man nicht ohne Nachfüllen aus. Darf das sein im Naturgarten? Ich rechtfertige den Gießaufwand als Nützlingsversorgung: Wenn Sie nicht ohnehin einen Teich haben, übernimmt der Miniteich die wichtige Rolle der Bienentränke. Achten Sie deshalb darauf, dass Bienen und alle anderen durstigen Insekten einen guten Lande- und Startplatz haben und dass es einen flachen Bereich gibt, wo sie gut zum Wasser kommen. Bienen, Wespen, Hornissen und Hummeln werden diese Wasserstelle im Garten gerne anfliegen. Bald werden sich auch die ersten Libellen ansiedeln.

## Einen Miniteich anlegen

Ein Miniteich ist schnell und ohne viel Aufwand angelegt. Voraussetzung ist, dass man sich aus einem natürlichen Gewässer in der Nähe einen Kübel Schlamm mit Getier für den Start holen kann.

Man braucht für einen Miniteich:

- ein dichtes Gefäß, z. B. großer Kübel, alter Trog mit Teichfolie, kleine Wanne,
- ein paar Ziegelsteine,
- ein paar große, flache Steine (etwa so groß wie ein Handteller) und
- Sumpfpflanzen; bei Beckentiefen über 50 cm auch Teichpflanzen wie Miniseerosen.

1. Suchen Sie sich eine geeignete Stelle im Garten. In der Nähe eines Sitzplatzes finde ich den Teich am schönsten, da man wirklich viel zu sehen bekommt.
2. Mit den Ziegelsteinen kann man unterschiedliche Niveaustufen im Becken einrichten, angepasst an die benötigte Wassertiefe der Pflanzen. Dann einfach die Pflanzen in ihren Töpfen hineinstellen. Die Töpfe müssen am Boden Löcher haben. Eventuell möchten Sie farbige Töpfe gegen schwarze tauschen, da diese im Wasser unauffälliger sind.
3. Für einen Teich mit ca. 50 cm Durchmesser reichen schon zwei bis drei Pflanzen aus – die hohen kommen in den Hintergrund, die niedrigen nach vorn. Beschweren Sie die Töpfe mit großen Steinen, damit sie beim Einfüllen des Wassers nicht aufsteigen.
4. Nun wird das Teichbecken sehr langsam mit Leitungswasser aufgefüllt, damit keine Erde aus den Töpfen geschwemmt wird. Stoppen Sie 10 cm unter dem Rand und geben Sie zum Schluss das Teichwasser und den Schlamm dazu. Dieser Schlamm ist wichtig für den Start. In ihm befinden sich die Mikroorganismen und Kleintiere, die verhindern, dass Ihr Miniteich zu einer Mückenzuchtstation wird.
5. Mit großen Steinen, die flach in das Wasser ragen, richtet man die Bienentränke ein. So ist ein sicherer An- und Abflug gewährleistet. Achten Sie in heißen Phasen mit hoher Verdunstung darauf, dass die Insekten das Wasser immer erreichen können.

## Pflanzen für den Miniteich

- Blutfelberich: Wird ca. 70 cm hoch und blüht den ganzen Sommer über mit pinkfarbenen Blütenrispen.
- Wasserminze: aromatisch duftende Minze mit kleinen, dunkelgrünen Blättern. Wird 30 cm hoch und blüht mit weiß-bläulichen Blüten den ganzen Sommer. Die Wasserminze ist eine beliebte Bienenweide und auch essbar. Sie kann sich sehr rasch durch Wurzelausläufer ausbreiten.
- Binsen: horstig wachsende Süßwassergräser, die einen nassen Standort bevorzugen. Die Blüten sind unscheinbar.
- Schmalblättriger Rohrkolben: blau-grüne, längliche Blätter, die den Blütenstand meist überragen. Rohrkolben tolerieren schwankende Wasserstände, da Wasser und Nährstoffe nur über die Wurzelrhizome aufgenommen werden.

- Sumpfvergissmeinnicht: Blüht von Mai bis September mit entzückenden, leuchtend blauen bis rosaroten kleinen Blüten. Es verträgt eher Halbschatten.
- Sumpfdotterblume: Ihre Blätter sind dunkelgrün glänzend, die leuchtend gelben Blüten zeigen sich im Frühling. Insekten werden von den Pollen und dem Nektar der Blüten angelockt. Der Wuchs breitet sich schnell aus. Die Sumpfdotterblume wird leicht mit dem essbaren Scharbockskraut verwechselt.

Wasserminze

Binsen

Sumpfvergissmeinnicht

# Wilde Blumenwiese

Die wilde Blumenwiese habe ich schon als Gestaltungselemente bei der Gartenplanung hervorgehoben. Hier möchte ich noch einmal genauer darauf eingehen, wie sie angelegt wird und welche Pflegemaßnahmen notwendig sind.

Grundsätzlich ist eine Blumenwiese genau das Richtige für magere, nährstoffarme und sandige Böden. Sie braucht volle Sonne bis lichten Halbschatten. Diese Bedingungen entsprechen der natürlichen Standortwahl von Wildblumen und Wildkräutern auf Feld und Flur.
Wenn man einen sehr nährstoffreichen Boden im Garten hat, muss man diesen für die Blumenwiese abmagern. Abmagern bedeutet, dem Boden Nährstoffe zu entziehen und die Wasserdurchlässigkeit zu erhöhen. Schwere, klebrige Böden, die jahrelang gedüngt wurden, müssen unbedingt abgemagert werden. Auch Rasenflächen sind zu nährstoffreich, da ein schöner Rasen nur mit ausreichender Düngergabe saftig grün und dicht bleibt. Vielleicht wurden auch unkrautvernichtende Mittel aufgebracht. Dann braucht es etwas Zeit, bis der Boden sich erholt hat.
Wie können Sie beim Abmagern vorgehen? Ganz einfach: Nehmen Sie sich Zeit, eine Grabgabel und ein paar Kübel Sand. Mit der Grabgabel lockern Sie den Boden und arbeiten den Sand anschließend ein.

Blumenwiesen kann man an allen Stellen im Garten anlegen, wo man nicht großflächig Platz braucht. Wenn durch Ihre ausgewählte Fläche ein Gehweg führt, ist das gar kein Problem. Sie können einfach mit dem Rasenmäher einen Weg durch die Blumenwiese mähen, das funktioniert wunderbar. Vielleicht wandeln Sie eines Tages alle herkömmlichen Grasflächen zu Blumenwiesen um und mähen nur einige Gehwege und rund um die Staudenbeete. Sie können Blumenwiesen auch als Blumeninseln im Naturrasen anlegen, als Farbtupfer neben einem Holzstoß oder Zaun setzen oder eine blühende Abgrenzung zum Gemüsegarten bilden. Auch im Vorgarten, wo nach dem Hausbau der Boden oft nicht besonders gut und mit vielen Steinen versehen ist, können Sie eine blühende Wiese anlegen. Den ganzen Sommer über bietet diese blühende Vielfalt nicht nur eine Nahrungsquelle für Insekten, sondern lockt auch Singvögel an. Mit einer Blumenwiese im Garten sorgen Sie also gleich für die Ansiedelung von natürlichen Fressfeinden bei Schädlingsbefall.

**Mein Tipp:** Wenn Sie nicht genug Platz für eine Wiese haben, können Sie trotzdem Wildblumen in den Garten holen. Eine einzige Wilde Möhre im Garten bietet schon so vielen Insekten Nahrung! Sie erfreut ein jedes Gärtnerherz mit ihrer weißen Blütenpracht und ihren dekorativen Samenständen. Wilde Möhren sind zweijährige Pflanzen. Im ersten Jahr sieht man nur eine unscheinbare Blattrosette mit gefiederten Blättern, ähnlich wie bei der Schafgarbe. Im zweiten Jahr treibt sie dann richtig aus und entwickelt sich zu einem bis zu zwei Meter hohen, filigranen Blickfang.

Überhaupt: Ein nicht zu unterschätzender Aspekt einer wilden Blumenwiese im Garten ist, dass man immer einen Blumenstrauß zur Hand hat. Wiesenblumen bzw. Wildkräuter halten sich lange in der Vase, und besonders die mehrjährigen eignen sich gut für Trockenblumensträuße.

## Einjährige und mehrjährige Wiesenblumen

Etliche Wiesenblumen sind nur einjährig. Sie samen sich aber leicht selbst aus und kommen so jedes Jahr wieder. Zu den einjährigen Wiesenblumen gehören: Kornblume, Roter Klatschmohn, Kornrade, Lichtnelke, Borretsch, Ringelblume, Natternkopf. Die einjährigen Wiesenblumen haben meistens auffälligere, buntere Blüten als die mehrjährigen, sind nicht ganz so wählerisch bei der Bodenauswahl und vertragen auch nährstoffreichere Böden. Sie sind nicht frostfest und sterben im Winter ab. Lassen Sie die Blüten so lange stehen, bis sich die Samen ausgebildet haben. Sie vermehren sich mit Sicherheit ausreichend, sodass Sie im nächsten Jahr wieder eine blühende Wiese haben.

**Mein Tipp:** Einjährige Wiesenblumen machen sich nicht nur in der Wiese gut, sondern sind auch im Gemüsebeet eine wertvolle Bienenweide. Probieren Sie verschiedene Stellen aus. Die Samen sind ein schönes Mitbringsel für andere Gartenfreunde.

*21 Borretsch und Ringelblumen*

Die einjährigen Blumen sind – bis auf den gemeinen Mohn – hinsichtlich des Wasserbedarfs ein wenig anspruchsvoller als die mehrjährigen Wiesenblumen. Diese bilden Horste, Rosetten oder Stöcke mit Wurzelballen, die tief in den Boden reichen und sich die Feuchtigkeit aus den unteren Bodenschichten holen. Oberirdische Pflanzenteile halten dem Frost nicht stand, treiben aber im Frühling wieder frisch aus.

Es gibt eine große Auswahl fertiger Samenmischungen. Achten Sie darauf, dass nicht zu viele Gräsersamen beigemischt sind. Gräser siedeln sich mit der Zeit von allein an. Eine gut durchdachte Blühmischung beginnt schon im Frühsommer zu blühen und erfreut einen mit ihren oft essbaren Blüten bis zu den ersten Minusgraden. Der Borretsch, die Schafgarbe und das Schmuckkörbchen sind hier besonders ausdauernd.

**Mein Tipp:** Sammeln Sie bei Spaziergängen in der Umgebung von den bestehenden Wiesenblumen immer einige wenige Samen ab. Diese selbst gesammelte Mischung wird wahrscheinlich am beständigsten sein, da die Pflanzen auf ähnlichem Boden und in ähnlichem Kleinklima gewachsen sind.

## Eine Blumenwiese anlegen

Wie legt man nun eine Blumenwiese an? Zwei Methoden möchte ich Ihnen vorstellen.

**Für Faule**

Wenn eine Rasenfläche vorhanden ist, ist es nur eine Frage der Zeit, bis sich mehrjährige Wildkräuter ansiedeln. Zuerst kommen die Starkzehrer. Das sind Wildblumen, die einen hohen Nährstoffbedarf haben. Brennnessel, Löwenzahn, Kleesorten, Fingerkraut. In den folgenden Jahren wird die Wiesengesellschaft immer vielfältiger.

Aufgrund der wechselnden Nährstoffverhältnisse siedeln sich neue Pflanzen an: Die Brennnessel verschwindet und die Taubnessel wird kommen. Der Löwenzahn wird gehen, ihm fehlen die Nährstoffe. Es folgen die Schafgarbe, der Wiesenknopf, die Wegwarte, die Wilde Möhre und Salbei. Nach vielen Jahren und etwas Glück werden dann auch die Margeriten im Garten einziehen (mein persönliches Wiesen-Highlight, auf das ich sechs Jahre warten musste). Wenn eine Totholzhecke oder ein Holzstoß im Garten sind, siedeln sich mit den Jahren auch die Wildblumen an, die gerne auf Waldlichtungen stehen, wie Leinkraut, Beifuß oder Johanniskraut. [4]

**Für Ungeduldige**

Die ausgewählte Fläche muss kurz gemäht und stark vertikutiert werden. Damit reißt man die vorhandene Grasnarbe auf und lockert die oberste Erdschicht. Am besten funktioniert es, wenn man über Kreuz vertikutiert. Zuerst fährt man immer von links nach rechts und wieder zurück, dann von vorne nach hinten. So wird der Boden im Karomuster bearbeitet. Eventuell müssen Sie Ihren Boden noch abmagern.Da Wiesenblumensamen sehr fein sind, kann man sie besser verteilen, wenn die Samen mit Sand vermischt sind. Bei einer gekauften Blühmischung steht auf der Verpackung, für wie viele Quadratmeter der Packungsinhalt reicht. Gehen Sie die Fläche ab und streuen das Samen-Sand-Gemisch mit einer runden Armbewegung vor sich aus. Profis würden jetzt noch mit einer schweren Gartenwalze den Bodenschluss herstellen. Durch das Gewicht der Walze werden die Samenkörner auf die Erde gedrückt, können Feuchtigkeit aufnehmen und keimen. Da so eine Walze nicht immer vorhanden ist, funktioniert das auch mit Schuhen mit einer glatten Sohle. Trippeln Sie mit winzigen Schritten über die angebaute Fläche und drücken Sie so die Samenkörner fest. Sie können auch Bretter ausbreiten und die Kinder darauf herumhüpfen lassen.

**Mein Tipp:** Die Fläche und das Saatgut nicht mit Erde abdecken! Die meisten Wiesenpflanzen sind Lichtkeimer. Sie brauchen die Sonne, um mit der Keimung zu starten.

4 Je nach Boden gibt es unterschiedliche Wildblumen, siehe auch den Abschnitt zu Zeigerpflanzen.

- Im ersten Jahr werden die Gräser des Altbestands noch reichlich Kraft haben und schneller wachsen als die angebauten Wiesenblumen. Daher muss man hier noch so lange Gras mähen, bis die Blattrosetten der Wildkräuter zu sehen sind. Dadurch werden diese kräftig genug, um den Konkurrenzkampf mit dem Gras zu gewinnen. Im zweiten Jahr haben sie schon den Vorteil ihrer tieferen Wurzeln und das Gras hat immer mehr das Nachsehen.

## Die Blumenwiese mähen

Ende Juni und Ende August sollten Sie Ihre Wiese mähen. Der ideale Zeitpunkt kann je nach Lage und Wetter variieren. Beobachten Sie, wann die Samenstände Ihrer einjährigen Blumen ausgereift und trocken sind.

Wenn Sie einen größeren Gartenabschnitt zur Blumenwiese umgewandelt haben, können Sie diese stückweise abmähen. Das Mähgut bleibt dann ein paar Tage liegen, so kann der letzte Samen ausfallen und die Nützlinge können sich zurückziehen. Den Wiesenschnitt kann man als Mulchmaterial unter der Hecke oder bei Bäumen einsetzen.

# Mit Pflanzenmaterial aus dem Garten gestalten

Der späte Winter und der Frühling sind die Hauptzeit für den Obstbaumschnitt und den Schnitt von spät blühenden Gehölzen. Die Äste der Obstbäume können für kleine Begrenzungszäune verwendet werden. Sie bilden dekorative Beeteinfassungen.

Dazu schneidet man die dickeren Äste in gleichlange Stücke, die in kurzem Abstand in die Erde gesteckt werden. Die feinen Zweige werden dann horizontal abwechselnd mal von vorne, mal von hinten an den gesteckten Ästen entlanggeführt – wie beim Weben. So webt man die Begrenzung in die gewünschte Höhe. Jedes Jahr kann man diesen hübschen, einfachen Zaun auffüllen, verlängern oder erhöhen. Das Erhöhen funktioniert, indem man zusätzliche Äste in der gewünschten Höhe zu den zu kurzen, bestehenden Ästen steckt oder diese, wenn sie schon alt und verrottet sind, einfach aus der Erde zieht und durch neue, längere Äste ersetzt.

Rankgerüste für kletternde Gemüsesorten oder einjährige Sommerblüher entstehen aus mindestens fünf gleichlangen Ästen, die man bündelt und unterhalb der oberen Enden zusammenbindet. Dazu eine robuste Schnur durch die Äste fädeln und gut verknoten. Wenn das Gerüst noch stabiler werden soll, formt man aus elastischen Ruten Kreise und bindet diese an das Grundgerüst an. Ein kleinerer Kreis oben und ein größerer unten reichen meist zur Stabilisierung der Rankhilfe. Lassen Sie unterhalb des großen Kreises genug Länge, um das Gerüst zur weiteren Stabilisierung in die Erde zu stecken. Das Rankgerüst für Topfpflanzen kann gleich im passenden Topf gebunden werden, dann hat es die perfekte Größe. Einfach ein paar Ruten innen an der Topfwand einstecken, oben zusammenführen und festbinden.

Sehr große, sperrige Äste finden Platz in der Totholzhecke. Sie bietet Unterschlupf für eine Vielzahl an Gartennützlingen wie Igeln, Schlangen oder sogar Kröten (die allerbesten Nacktschneckenfresser). Für die Totholzhecke wird ein Platzbedarf von mindestens einem Meter Breite veranschlagt. Bei weniger Platz im Garten gibt es auch eine schlanke Version der Totholzhecke. Dazu schlägt man zwei Pfostenreihen ein, die den Abstand der Heckenbreite haben. Dieses Gerüst füllt man nach und nach mit den Ästen auf. Auch

Himbeerruten, Brombeerruten oder anderer leicht holziger Strauchschnitt findet hier eine weitere Verwendung im Garten. In den ersten Jahren wird die Totholzhecke vielleicht noch ein wenig mager aussehen, aber mit den Jahren wächst sie zu einem großartigen Insektenhotel und Tierquartier für alle Nützlinge im Garten.

Falls im Garten ein größerer Baum zu fällen ist, kann man diesen auch im Garten lassen. Sie können den Stamm zerhacken und die Holzscheite zu einer Mauer aufschichten. Diese Raumteiler können Sie geschickt zur Gestaltung Ihres Gartens einsetzen: Sie bieten Wind- und Sichtschutz und teilen die Gartenfläche in interessante Räume.

# Gartenarbeit nach dem phänologischen Kalender

„Wann ist der richtige Zeitpunkt für den Obstbaumschnitt?" Diese Frage kann durch persönliche Erfahrungen, langjährige Naturbeobachtungen und mithilfe überlieferter Bauernregeln beantwortet werden – oder mit dem phänologischen Kalender.

Was ist das? Nun, zunächst ist der phänologische Kalender eine äußerst wertvolle Hilfe bei der Gartenarbeit. Dieser orientiert sich nämlich an den Pflanzen und ihrem Entwicklungsstadium. Das heißt: Ihr Garten selbst setzt die Signale, was es zu tun gibt.

Im Unterschied zum klassischen Gartenratgeber aus der Buchhandlung werden bei der Arbeit nach dem phänologischen Kalender die lokalen Gegebenheiten und das Mikroklima berücksichtigt. Ein Apfelbaum kann in gemäßigtem Klima schon Ende März blühen, in der Alpenregion jedoch erst fünf Wochen später. Durch das Arbeiten im Einklang mit der Natur werden die Pflanzen nicht unnötig geschwächt. Sie sind gestärkt und fit, um auch widrige Klimaverhältnisse wie zu wenig Regen zu überstehen.

Das hört sich jetzt vielleicht kompliziert an. Aber wenn man ein aufmerksames Auge auch für die kleinen Dinge im Alltag – bzw. im Garten – hat, ist es gar nicht so schwer. Unsere Umgebung erinnert uns gerne daran, was wir gerade im Garten unternehmen können!

## Die richtige Arbeit zum richtigen Zeitpunkt

Der phänologische Kalender teilt das Jahr in zehn Jahreszeiten. Der Beginn einer jeden Jahreszeit wird mit dem Aufblühen einer bestimmten Zeigerpflanze eingeläutet.

## Vorfrühling

*Das Schneeglöckchen zeigt den Beginn des Vorfrühlings an.*

**Zeigerpflanzen:** Märzenbecher, Schneeglöckchen, Haselnuss und Salweide blühen.

- Sommerblühende Hecken schneiden (nicht den Flieder!)
- Obstbäume schneiden, dabei mit sehr scharfem Werkzeug arbeiten
- Sommerblühende Gehölze, die zu groß geworden sind, schneiden
- Sommerblumen im Haus vorziehen
- Erntezeit für Kohlsprossen, Palmkohl, Wintersalate, Vogelmiere

Bei Arbeiten im Vorfrühling immer darauf achten, dass viele Tiere noch im Winterschlaf sind und unter Gehölzen oft ihr Winterquartier gebaut haben!

## Erstfrühling

*Die Blüten der Kornelkirsche bieten erste Nahrung für Bienen.*

**Zeigerpflanzen:** Löwenzahn und Dirndln (Kornelkirsche) blühen, später auch die Kirsche, Zwetschge und Birne. Birken, Buchen und Stachelbeeren entfalten ihr Laub.

- Überwinterte Kübelpflanzen vorsichtig gießen
- Bei frühlingsblühenden Zwiebeln die trockenen Stauden zurückschneiden
- Miniteiche mit Wasser auffüllen
- Speisetrauben schneiden
- Im Gemüsebeet Vorkulturen anbauen wie Salat, Radieschen, Spinat
- Genießen Sie die ersten warmen Sonnenstrahlen

## Vollfrühling

*Die Apfelbäume blühen – es ist Frühling!*

**Zeigerpflanzen:** Apfel, Flieder und Kastanie blühen.

- Überwinterte Kübelpflanzen an einen schattigen Platz nach draußen stellen (Sonnenbrandgefahr)
- Kompost umsetzen
- Hochbeete auffüllen
- Wintersalat blühen lassen und eigenes Saatgut sammeln
- Gemüsebeete planen
- Gemüsepflanzen einsetzen (Eisheilige beachten)
- Frostempfindliche Gemüse und Kräuter können jetzt ins Freiland gesetzt werden
- Fliederblüten für die Vase schneiden, dann blüht er im nächsten Jahr wieder schön
- Erntezeit für Spargel und Rhabarber

## Frühsommer

*Die weißen Blüten des Holunders duften süß.*

**Zeigerpflanzen:** Holler (Holunder), Pfingstrose und Weißdorn blühen.

- Kohlarten: Broccoli, Karfiol (Blumenkohl), Kohlsprossen anbauen
- Bohnen können jetzt angebaut werden („Bau mi im Mai, kum i glei.“).
- Vorgezogene Sommerblumen dürfen nach draußen
- Schnecken absammeln
- Boden mulchen
- Pflanzenstärkung mit Schachtelhalmbrühe
- Stecklinge vermehren
- Groß wachsende Stauden stützen
- Früh blühende Stauden nach der Blüte zurückschneiden, um einen zweiten Flor zu fördern
- Wasserqualität in Miniteichen kontrollieren
- Zimmerpflanzen an ein schattiges Gartenplätzchen stellen
- Erntezeit für Kopfsalat, Radieschen, Spinat und Kirschen

## Hochsommer

*Die zarte Lindenblüte, hier aus der Nähe betrachtet.*

**Zeigerpflanzen:** Linden, Wegwarte und Erdäpfl (Kartoffeln) blühen.

- Zweijährige Sommerpflanzen können ausgesät werden, z. B. Bartnelke, Stockrose, Fingerhut, Goldlack, wilde Möhre
- Zwei- und mehrjährige Kräuter wie Kümmel gut markieren, damit sie im Beet nicht übersehen werden
- Stauden können nach der Blüte geteilt werden
- Erntezeit für Kräuter, Beeren, Erbsen, Rettich, Kohlrabi, Weichseln (Kirschen)
- 

## Spätsommer

*Herbstanemonen setzten im Spätsommer leuchtende Akzente.*

**Zeigerpflanzen:** Die Früchte der Felsenbirne, Vogelbeere und frühe Äpfel sind reif, die Herbstanemone blüht.

- Knoblauch und Steckzwiebel füllen Lücken im Gemüsebeet.
- Vogerlsalat (Feldsalat), Rucola, Portulak, Endiviensalat anbauen
- Mulchschicht erneuern
- Nacktschnecken absammeln
- Erntezeit für Gurken, Paradeiser (Tomaten), Paprika, Chili, Karotten, Rote Rüben, Fisolen (Bohnen)

**Frühherbst**

*Die reifen Früchte des Brombeerstrauchs lassen sich zu köstlicher Marmelade verarbeiten.*

**Zeigerpflanzen:** Hollerbeeren (Holunderbeeren), Pfirsiche, Birnen, Äpfel, Dirndl (Kornelkirschen), Himbeeren und Brombeeren sind reif.

- Obst verarbeiten
- Erntezeit für Hollerbeeren (Holunder), Pfirsiche, Birnen, Äpfel, Dirndl (Kirschen), Himbeeren, Brombeeren, Paradeiser (Tomaten), Gurken

**Vollherbst**

*Die Quitten mit ihrem kräftigen Gelb leuchten im Herbst.*

**Zeigerpflanzen:** Quitten, Walnüsse und Kastanien sind reif. Das Laub des wilden Weins verfärbt sich dramatisch rot.

- Stauden umsetzen
- Pflanzzeit für Gehölze und Sträucher
- Brombeerruten, die dieses Jahr getragen haben, bodeneben abschneiden und die neuen Ruten aufbinden
- Wurzelgemüse ausgraben und einlagern
- Erntezeit von Spinat, Endiviensalat, letzte Paradeiser (Tomaten) und Gurken, Kräutern

**Spätherbst**

*Stachelige Hülle mit glänzendem Kern – die Kastanie.*

**Zeigerpflanzen:** Die Linde und Kastanie verlieren ihr Laub.

- Möglichst wenig verblühte Stauden abschneiden, diese sind Winterquartier für Nützlinge
- Laubhaufen und Totholzhaufen für Igel und Erdkröten schaffen
- Wildblumenwiesen nur teilweise mähen, damit Nützlinge umsiedeln können
- Neue Gemüsebeete anlegen und über den Winter sacken lassen
- Blumenzwiebel für Frühlingsblüher stecken
- Erntezeit für Wintergemüse wie Kohlarten, Wintersalat

**Winter**

*Das Laub der Lärche färbt sich zunächst gelb, dann fällt es ab*

**Zeigerpflanze:** Die Lärche lässt ihre Nadeln fallen.

Die Pflanzen machen ihre Vegetationspause. Wir sollten auch eine Pause machen.